Paleo Kuharica Biblija

Upute za pripremu cjelovite hrane, otkrivajući drevne načine prehrane za modernu dobu.

Renata Petrovića

Sadržaj

Azijsko prženje govedine i povrća 10
Fileti obloženi cedrovinom s azijskom slaterom i slatom 12
Odresci s tri vrha pečeni u tavi s peperonatom od cvjetače 15
Flat-Iron Steaks au Poivre s Dijon umakom od gljiva 17
Odresci 17
Umak 17
Odresci pečeni na žaru s karameliziranim lukom i salsa salatom 20
Odresci 20
Salsa salata 20
Karamelizirani luk 20
Ribeyes na žaru sa začinskim lukom i češnjakom na "maslacu" 23
Ribeye salata s ciklom na žaru 25
Rebarca na korejski s dinstanim kupusom od đumbira 27
Goveđa kratka rebarca s gremolatom od citrusa i komorača 30
Rebra 30
Tikva pečena u tavi 30
Gremolata 30
Goveđe pljeskavice na švedski način sa salatom od senfa i kopra od krastavaca 33
Salata od krastavaca 33
Goveđe pljeskavice 33
Dimljeni goveđi burgeri na rikuli s pečenim korjenastim povrćem 37
Goveđi burgeri na žaru s rajčicama u kori od sezama 40
Burgeri na štapiću s Baba Ghanoush umakom 42
Dimljeno punjena slatka paprika 44
Burgeri od bizona s cabernet lukom i rukolom 46
Štruca od bizona i janjetine na blitvi i slatkom krumpiru 49
Ćufte od bizona u umaku od jabuke i ribizla s Pappardelleom od tikvica 52
Mesne okruglice 52
Umak od jabuke i ribiza 52
Pappardelle od tikvica 52
Bison-Porcini Bolognese s pečenim češnjakom i špagetima 55

Bison Chili con Carne 57
Marokanski začinjeni odresci bizona s limunima na žaru 59
Herbes de Provence - pečenje od trljanog bizona 60
Bison Short Ribs pirjan u kavi s gremolatom mandarine i kašom od korijena celera
.... 62
Marinada 62
Pirjajte 62
Juha od goveđih kostiju 65
Tuniska svinjska lopatica naribana začinima sa začinjenim pomfritom od slatkog
    krumpira 67
Svinjetina 67
Pomfrit 67
Kubanska svinjska lopatica na žaru 69
Svinjsko pečenje naribano talijanskim začinima s povrćem 72
Svinjska krtica u sporom kuhanju 74
Gulaš od svinjetine i tikvica začinjen kimom 76
Voćem punjeno pečenje od lungića s umakom od rakije 78
Pečenje 78
Umak od rakije 78
Svinjsko pečenje na porchetta način 80
Tomatillo-pirjani svinjski lungić 82
Svinjski file punjen marelicama 84
Svinjski file s korom od začinskog bilja i hrskavim uljem od češnjaka 86
Svinjetina s indijskim začinima i umakom od kokosa 88
Svinjski Scaloppini sa začinjenim jabukama i kestenima 89
Svinjska Fajita Stir-Fry 92
Svinjski file s portom i suhim šljivama 93
Svinjetina u stilu Moo Shu u šalicama zelene salate s brzo ukiseljenim povrćem 95
Ukiseljeno povrće 95
Svinjetina 95
Svinjski kotleti s makadamijom, kaduljom, smokvama i pireom od slatkog krumpira
.... 97
Svinjski kotleti od ružmarina i lavande pečeni na tavi s grožđem i prženim orasima
.... 99
Svinjski kotleti alla Fiorentina s brokulom na žaru 101
Svinjski kotleti punjeni Escaroleom 103

Svinjski kotleti s korom od dijon-pecan pecana 106
Svinjetina s korom od oraha i salatom od kupina i špinata 107
Svinjski šnicl sa slatko-kiselim crvenim kupusom 109
Kupus 109
Svinjetina 109
Dimljena dječja leđa s umakom od jabuke i senfa 111
Rebra 111
Umak 111
Svinjska rebarca u pećnici na seoskom stilu sa roštiljem sa svježim ananasom 114
Začinjeni svinjski gulaš 116
Gulaš 116
Kupus 116
Talijanske mesne okruglice od kobasice Marinara s narezanim komoračem i
    pirjanim lukom 118
Mesne okruglice 118
Marinara 118
Brodići od tikvica punjeni svinjetinom s bosiljkom i pinjolima 120
Zdjelice s rezancima od svinjetine i ananasa s kokosovim mlijekom i začinskim
    biljem 122
Začinjene svinjske pljeskavice na žaru s ljutom salatom od krastavaca 124
Pizza s korom od tikvica s pestom od sušenih rajčica, slatkom paprikom i
    talijanskom kobasicom 126
Janjeći but od dimljenog limuna i korijandera sa šparogama na žaru 129
Janjeći vrući lonac 131
Janjeći gulaš s rezancima od korijena celera 133
Janjeći kotleti po francuski s ajvarom od nara 135
Chutney 135
Janjeći kotleti 135
Chimichurri kotleti od janjećeg lungića s pirjanim slamom od radiča 137
Janjeći kotleti naribani sardeljom i kaduljom s remuladom od mrkve i batata 139
Janjeći kotleti s lukom, mentom i origanom 141
Janjetina 141
Salata 141
Janjeći hamburgeri punjeni u vrtu s kulisom od crvene paprike 143
Kulis od crvene paprike 143
hamburgeri 143

Janjeći ćevapi s duplim origanom i Tzatziki umakom 146
Janjeći ćevapi 146
Tzatziki umak 146
Pečena piletina sa šafranom i limunom 148
Pečena piletina s Jicama slatom 150
Piletina 150
Slaw 150
Pečena pileća stražnja četvrtina s votkom, mrkvom i umakom od rajčice 153
Poulet Rôti i Rutabaga Frites 155
Coq au Vin s trostrukim gljivama i pireom od vlasca 157
Bataki glazirani rakijom od breskve 159
Glazura od breskve i rakije 159
Piletina marinirana u Čileu sa salatom od manga i dinje 161
Piletina 161
Salata 161
Tandoori stil pilećih bataka s raitom od krastavaca 164
Piletina 164
Krastavac Raita 164
Pileći paprikaš u kariju s korjenastim povrćem, šparogama i okusom zelene jabuke i mente 166
Pileća paillard salata na žaru s malinama, ciklom i pečenim bademima 168
Pileća prsa punjena brokulom Rabe s umakom od svježih rajčica i Cezar salatom 171
Shawarma zamotuljci od piletine na žaru sa začinjenim povrćem i preljevom od pinjola 173
Pileća prsa pirjana u pećnici s gljivama, pireom od češnjaka i pečenim šparogama 175
Pileća juha na tajlandski način 177
Pečena piletina s limunom i kaduljom s endivijom 179
Piletina s mladim lukom, potočarkom i rotkvicama 182
Piletina Tikka Masala 184
Ras el Hanout pileća zabatka 187
Star Fruit Adobo pileća zabatka preko pirjanog špinata 189
Tacosi s piletinom i poblano kupusom s Chipotle Mayo 191
Pileći paprikaš s mladim mrkvama i Bok Choy 193

Piletinu s indijskim oraščićima i narančom i slatku papriku pržite u zavojima zelene salate ... 195

Vijetnamska piletina s kokosom i limunskom travom ... 197

Piletina na žaru i Escarole salata od jabuka ... 200

Toskanska pileća juha s vrpcama od kelja ... 202

Pileći Larb ... 204

Pileći hamburgeri sa sečuvanskim umakom od indijskih oraščića ... 206

Szechwan umak od indijskih oraščića ... 206

Turski pileći zamotuljci ... 208

španjolske kokoši Cornish ... 210

Cornish kokoši pečene na pistacijama sa salatom od rikule, marelice i komorača ... 212

Pačja prsa s narom i salatom od jicama ... 215

Pečena purica s pireom od češnjaka ... 217

Punjena pureća prsa s pesto umakom i salatom od rukole ... 219

Začinjena pureća prsa s BBQ umakom od trešanja ... 221

Pureći file pirjan u vinu ... 223

Pirjana pureća prsa s umakom od škampa od vlasca ... 226

Pirjani pureći butovi s korjenastim povrćem ... 228

Pureća mesna štruca sa začinskim biljem s karameliziranim kečapom od luka i pečenim kriškama kupusa ... 230

Turska Posole ... 232

Juha od pilećih kostiju ... 234

Zeleni Harissa losos ... 237

Losos ... 237

Harissa ... 237

Začinjene sjemenke suncokreta ... 237

Salata ... 237

Losos na žaru sa salatom od mariniranog srca od artičoke ... 241

Brzo pečeni čile-losos od kadulje sa salsom od zelenih rajčica ... 243

Losos ... 243

Salsa od zelenih rajčica ... 243

Pečeni losos i šparoge u papiloti s pestom od limuna i lješnjaka ... 246

Losos natrljan začinima s umakom od gljiva i jabuke ... 248

Sole en Papillote s Julienne povrćem ... 251

Riblji tacos s pestom od rukole i kremom od dimljene limete ... 253

Potplat s korom od badema 255
Paketići bakalara i tikvica na žaru s pikantnim umakom od manga i bosiljka 257
Bakalar poširan u rizlingu s rajčicama punjenim pestom 259
Pečeni bakalar s pistacijama, cilantrom i koricom na mljevenom slatkom krumpiru
.... 261
Bakalar s ružmarinom i mandarinom s pečenom brokulom 263
Oblozi od zelene salate od bakalara u kariju s ukiseljenim rotkvicama 265
Pečena vahnja s limunom i komoračem 267
Snapper s korom od oraha s remuladom i bamijom i rajčicama na Cajun način ... 269
Pljeskavice od estragon tune s avokadom i limunom Aïoli 271
Prugasti Bas Tagine 274
Iverak u umaku od češnjaka i škampi sa zelenim sofritom 276
Bouillabaisse od plodova mora 278
Klasični Ceviche od škampa 280
Salata od kokosovih škampa i špinata 283
Ceviche od tropskih škampa i jakobove kapice 285
Jamaican Jerk škampi s uljem avokada 287
Škampi s uvenulim špinatom i radičem 288
Salata od rakova s avokadom, grejpom i jicama 290
Kuhajte rep cajunskog jastoga s estragonom Aïoli 292
Frites od dagnji sa šafranom Aïoli 294
Pastrnjak Frites 294
Šafran Aïoli 294
Dagnje 294
Pečene Jakobove kapice s okusom od cikle 297
Jakobove kapice na žaru sa salsom od krastavaca i kopra 300
Pečene Jakobove kapice s rajčicom, maslinovim uljem i umakom od začinskog bilja
.... 302
Jakobove kapice i umak 302
Salata 302
Cvjetača pečena na kuminu s komoračem i bisernim lukom 304
Zrnasti umak od rajčice i patlidžana sa špagetima 306
Punjene Portobello gljive 308

AZIJSKO PRŽENJE GOVEDINE I POVRĆA

PRIPREMA:30 minuta kuhanja: 15 minuta čini: 4 porcije

PET ZAČINA U PRAHU JE MJEŠAVINA ZAČINA BEZ SOLIŠIROKO SE KORISTI U KINESKOJ KUHINJI. SASTOJI SE OD JEDNAKIH DIJELOVA MLJEVENOG CIMETA, KLINČIĆA, SJEMENKI KOMORAČA, ZVJEZDASTOG ANISA I ZRNA SEČUANSKOG PAPRA.

- 1½ funte goveđeg pečenog odreska bez kostiju ili okruglog goveđeg odreska bez kostiju, izrezan na 1 inč debljine
- 1½ žličice pet začina u prahu
- 3 žlice rafiniranog kokosovog ulja
- 1 manji crveni luk, narezan na tanke kolutove
- 1 mala hrpa šparoga (oko 12 unci), obrezana i narezana na komade od 3 inča
- 1½ šalice narančaste i/ili žute mrkve narezane na julienne
- 4 češnja češnjaka, nasjeckana
- 1 žličica sitno naribane narančine kore
- ¼ šalice svježeg soka od naranče
- ¼ šalice juhe od goveđih kostiju (vidirecept) ili goveđu juhu bez dodatka soli
- ¼ šalice bijelog vinskog octa
- ¼ do ½ žličice mljevene crvene paprike
- 8 šalica grubo nasjeckanog napa kupusa
- ½ šalice neslanih narezanih badema ili neslanih krupno nasjeckanih indijskih oraščića, tostiranih (vidi savjet, stranica 57)

1. Po želji junetinu djelomično zamrznite radi lakšeg rezanja (oko 20 minuta). Narežite govedinu na vrlo tanke ploške. U velikoj zdjeli pomiješajte govedinu i prah od pet začina. U velikom woku ili posebno velikoj tavi zagrijte 1 žlicu kokosovog ulja na srednje jakoj vatri. Dodajte pola govedine; kuhajte i miješajte 3 do 5 minuta ili dok ne porumene. Prebacite govedinu u zdjelu. Ponovite s

preostalom govedinom i još 1 žlicom ulja. Prebacite govedinu u zdjelu s drugom kuhanom govedinom.

2. U isti wok dodajte preostalu 1 žlicu ulja. Dodajte luk; kuhati i miješati 3 minute. Dodati šparoge i mrkvu; kuhajte i miješajte 2 do 3 minute ili dok povrće ne postane hrskavo-omekšano. Dodajte češnjak; kuhati i miješati još 1 minutu.

3. Za umak, u maloj posudi pomiješajte narančinu koricu, narančin sok, juhu od goveđih kostiju, ocat i mljevenu crvenu papriku. Povrću u woku dodajte umak i svu govedinu sa sokovima u zdjeli. Kuhajte i miješajte 1 do 2 minute ili dok se ne zagrije. Pomoću šupljikave žlice prebacite goveđe povrće u veliku zdjelu. Poklopiti da ostane toplo.

4. Kuhajte umak, nepoklopljen, na srednjoj vatri 2 minute. Dodajte kupus; kuhajte i miješajte 1 do 2 minute ili dok kupus ne uvene. Podijelite kupus i eventualne sokove od kuhanja na četiri tanjura za posluživanje. Ravnomjerno pospite mješavinom govedine. Pospite orasima.

FILETI OBLOŽENI CEDROVINOM S AZIJSKOM SLATEROM I SLATOM

UPITI:1 sat pripreme: 40 minuta roštilj: 13 minuta stajanje: 10 minuta čini: 4 porcije.

NAPA KUPUS PONEKAD SE NAZIVA I KINESKI KUPUS. IMA LIJEPE, NABORANE LISTOVE KREM BOJE SA SVIJETLIM ŽUTO-ZELENIM VRHOVIMA. IMA DELIKATAN, BLAG OKUS I TEKSTURU - SASVIM DRUGAČIJE OD VOŠTANOG LIŠĆA KUPUSA S OKRUGLOM GLAVICOM - I NIJE IZNENAĐUJUĆE, PRIRODNO JE U JELIMA U AZIJSKOM STILU.

- 1 velika cedrovina
- ¼ unce suhih shiitake gljiva
- ¼ šalice ulja od oraha
- 2 žličice mljevenog svježeg đumbira
- 2 žličice mljevene crvene paprike
- 1 žličica zdrobljenog sečuanskog papra
- ¼ žličice praha od pet začina
- 4 češnja češnjaka, nasjeckana
- 4 goveđa odreska od 4 do 5 unci, izrezana debljine ¾ do 1 inča
- Azijski slat (vidi recept, dolje)

1. Stavite dasku za roštilj u vodu; utegnite i namačite najmanje 1 sat.

2. U međuvremenu, za azijski slather, u maloj posudi prelijte kipuću vodu preko suhih shiitake gljiva; ostavite stajati 20 minuta da se rehidrira. Ocijedite gljive i stavite u multipraktik. Dodajte orahovo ulje, đumbir, mljevenu crvenu papriku, sečuanski papar u zrnu, pet začina u prahu i češnjak. Poklopite i kuhajte dok se gljive ne samelju i sastojci ne sjedine; Staviti na stranu.

3. Odvodna daska za roštilj. Za roštilj na drveni ugljen rasporedite srednje vrući ugljen po obodu roštilja. Stavite dasku na rešetku za roštilj izravno na ugljen. Pokrijte i pecite na roštilju 3 do 5 minuta ili dok daska ne počne pucketati i dimiti se. Stavite odreske na rešetku za roštilj izravno na ugljen; roštiljajte 3 do 4 minute ili dok ne zapeče. Prebacite odreske na dasku, pečene strane prema gore. Stavite dasku u sredinu roštilja. Podijelite azijski Slather na odreske. Pokrijte i pecite na žaru 10 do 12 minuta ili dok termometar s trenutačnim očitanjem umetnut vodoravno u odreske ne pokaže 130°F. (Za plinski roštilj, prethodno zagrijte roštilj. Smanjite temperaturu na srednju. Stavite ocijeđenu dasku na rešetku roštilja; poklopite i pecite 3 do 5 minuta ili dok daska ne počne pucketati i dimiti se. Stavite odreske na rešetku roštilja 3 do 4 minute ili dok Prebacite odreske na dasku, pečene strane prema gore. Podesite roštilj za neizravno kuhanje; stavite dasku s odrescima na ugašeni plamenik. Podijelite slamu na odreske. Pokrijte i pecite na roštilju 10 do 12 minuta ili dok termometar s trenutačnim očitanjem umetnut vodoravno u odreske ne pokaže 130°F.)

4. Skinite odreske s roštilja. Pokrijte odreske labavo folijom; neka odstoji 10 minuta. Odreske narežite na ploške debljine ¼ inča. Poslužite odrezak preko azijske slane slane.

Azijska slana: U velikoj zdjeli pomiješajte 1 srednju glavicu napa kupusa, narezanu na tanke kriške; 1 šalica sitno nasjeckanog crvenog kupusa; 2 mrkve, oguljene i narezane na julienne trake; 1 crvena ili žuta slatka paprika, očišćena od sjemenki i vrlo tanko narezana; 4 mladog luka, tanko narezana; 1 do 2 serrano čilija, bez sjemenki i mljevena (vidi Savjet); 2 žlice nasjeckanog cilantra; i 2 žlice nasjeckane metvice. Za preljev, u procesoru hrane ili blenderu pomiješajte 3 žlice svježeg soka od limete, 1 žlicu naribanog svježeg đumbira, 1 češanj mljevenog češnjaka i ⅛ žličice pet začina u prahu. Pokrijte i obradite dok ne postane glatko. Dok procesor radi, postupno dodajte ½ šalice orahovog ulja i miješajte dok ne postane glatko. Dodajte 1 mladi luk, narezan na tanke ploške, u preljev. Prelijte slanu i bacite na kaput.

ODRESCI S TRI VRHA PEČENI U TAVI S PEPERONATOM OD CVJETAČE

PRIPREMA: 25 minuta kuhanja: 25 minuta čini: 2 porcije

PEPERONATA JE TRADICIONALNO SPORO PEČENI RAGUSLATKE PAPRIKE S LUKOM, ČEŠNJAKOM I ZAČINSKIM BILJEM. OVA BRZA PIRJANA VERZIJA—SLAĐA S CVJETAČOM—DJELUJE I KAO UŽITAK I KAO PRILOG.

2 odreska s tri vrha od 4 do 6 unci, izrezana debljine ¾ do 1 inča

¾ žličice crnog papra

2 žlice ekstra djevičanskog maslinovog ulja

2 crvene i/ili žute slatke paprike očišćene od sjemenki i narezane na ploške

1 ljutika, tanko narezana

1 žličica mediteranskog začina (vidi_recept_)

2 šalice malih cvjetova cvjetače

2 žlice balzamičnog octa

2 žličice nasjeckanog svježeg timijana

1. Odreske osušite papirnatim ručnicima. Pospite odreske s ¼ žličice crnog papra. U velikoj tavi zagrijte 1 žlicu ulja na srednje jakoj vatri. Dodajte odreske u tavu; smanjite toplinu na srednju. Pecite odreske 6 do 9 minuta za srednje pečene (145°F), povremeno ih okrećući. (Ako meso prebrzo porumeni, smanjite temperaturu.) Izvadite odreske iz tave; pokrijte labavo folijom da ostane toplo.

2. Za peperonata dodajte preostalu 1 žlicu ulja u tavu. Dodajte slatku papriku i ljutiku. Pospite mediteranskim začinima. Kuhajte na srednjoj vatri oko 5 minuta ili dok paprike ne omekšaju, povremeno miješajući. Dodajte cvjetaču, balzamični ocat, majčinu dušicu i preostalu ½ žličice

crnog papra. Poklopite i kuhajte 10 do 15 minuta ili dok cvjetača ne omekša, povremeno miješajući. Vratite odreske u tavu. Žlicom nanesite smjesu za peperonata preko odreska. Poslužite odmah.

FLAT-IRON STEAKS AU POIVRE S DIJON UMAKOM OD GLJIVA

PRIPREMA: 15 minuta kuhanja: 20 minuta čini: 4 porcije

OVAJ FRANCUSKI ODREZAK S UMAKOM OD GLJIVA MOŽE BITI NA STOLU ZA NEŠTO VIŠE OD 30 MINUTA—ŠTO GA ČINI ODLIČNIM IZBOROM ZA BRZI OBROK U TJEDNU.

ODRESCI

3 žlice ekstra djevičanskog maslinovog ulja

1 funta malih šparoga, obrezanih

4 odreska od 6 unci ravnog željeza (goveđa lopatica bez kostiju)*

2 žlice nasjeckanog svježeg ružmarina

1½ žličice mljevenog crnog papra

UMAK

8 unci narezanih svježih gljiva

2 češnja češnjaka, mljevena

½ šalice juhe od goveđih kostiju (vidi recept)

¼ šalice suhog bijelog vina

1 žlica Dijon senfa (vidi recept)

1. U velikoj tavi zagrijte 1 žlicu ulja na srednje jakoj vatri. Dodati šparoge; kuhajte 8 do 10 minuta ili dok ne postanu hrskavi, okrećući povremeno rezine da ne zagore. Prebacite šparoge na tanjur; pokriti folijom da ostane toplo.

2. Odreske pospite ružmarinom i popaprite; utrljajte prstima. U istoj tavi zagrijte preostale 2 žlice ulja na srednje jakoj vatri. Dodati odreske; smanjite toplinu na srednju. Pecite 8 do 12 minuta za srednje pečeno (145°F), povremeno okrećući meso. (Ako meso prebrzo porumeni, smanjite

temperaturu.) Izvadite meso iz tave, ostavljajući kaplje. Odreske labavo prekrijte folijom da ostanu topli.

3. Za umak, dodajte gljive i češnjak u tavu; kuhati dok ne omekša uz povremeno miješanje. Dodajte juhu, vino i senf Dijon. Kuhajte na srednjoj vatri, stružući zapečene komadiće na dnu tave. Dovesti do vrenja; kuhajte još 1 minutu.

4. Podijelite šparoge na četiri tanjura. Odozgo stavite odreske; žlicom umaka prelijte odreske.

*Napomena: Ako ne možete pronaći odreske od 6 unci, kupite dva odrezaka od 8 do 12 unci i prerežite ih na pola da napravite četiri odreska.

ODRESCI PEČENI NA ŽARU S KARAMELIZIRANIM LUKOM I SALSA SALATOM

PRIPREMA: 30 minuta mariniranja: 2 sata pečenja: 20 minuta hlađenja: 20 minuta roštilja: 45 minuta čini: 4 porcije

FLAT-IRON STEAK JE RELATIVNO NOVREZ RAZVIJEN PRIJE SAMO NEKOLIKO GODINA. IZREZAN IZ AROMATIČNOG DIJELA U BLIZINI LOPATICE, IZNENAĐUJUĆE JE NJEŽAN I IMA MNOGO SKUPLJI OKUS NEGO ŠTO JEST—ŠTO VJEROJATNO OBJAŠNJAVA NJEGOV BRZI PORAST POPULARNOSTI.

ODRESCI
- ⅓ šalice svježeg soka od limete
- ¼ šalice ekstra djevičanskog maslinovog ulja
- ¼ šalice grubo nasjeckanog cilantra
- 5 češnja češnjaka, mljevenog
- 4 odreska od 6 unci ravnog željeza (goveđa lopatica bez kostiju)

SALSA SALATA
- 1 (engleski) krastavac bez sjemenki (po želji oguljen), narezan na kockice
- 1 šalica grožđanih rajčica narezanih na četvrtine
- ½ šalice crvenog luka nasjeckanog na kockice
- ½ šalice grubo nasjeckanog cilantra
- 1 poblano chile, bez sjemenki i narezan na kockice (vidi Savjet)
- 1 jalapeño, bez sjemenki i samljeven (vidi Savjet)
- 3 žlice svježeg soka od limete
- 2 žlice ekstra djevičanskog maslinovog ulja

KARAMELIZIRANI LUK
- 2 žlice ekstra djevičanskog maslinovog ulja
- 2 velika slatka luka (kao što su Maui, Vidalia, Texas Sweet ili Walla Walla)

½ žličice mljevene chipotle čili papričice

1. Za odreske, stavite odreske u plastičnu vrećicu koja se može zatvoriti u plitku posudu; Staviti na stranu. U maloj posudi pomiješajte sok limete, ulje, cilantro i češnjak; preliti preko bifteka u vrećici. Pečatna vrećica; pretvoriti se u kaput. Marinirati u hladnjaku 2 sata.

2. Za salatu, u velikoj zdjeli pomiješajte krastavce, rajčice, luk, cilantro, poblano i jalapeño. Promiješajte da se sjedini. Za preljev, u maloj posudi pomiješajte sok limete i maslinovo ulje. Prelijte preljev preko povrća; baciti na kaput. Pokrijte i stavite u hladnjak do vremena za posluživanje.

3. Za luk zagrijte pećnicu na 400°F. Premažite unutrašnjost nizozemske pećnice malo maslinovog ulja; Staviti na stranu. Prerežite luk po dužini na pola, uklonite ljusku i narežite poprečno na ¼ inča debljine. U Dutch pećnici pomiješajte preostalo maslinovo ulje, luk i chipotle chile papričicu. Pokrijte i pecite 20 minuta. Otklopite i ostavite da se ohladi oko 20 minuta.

4. Ohlađeni luk prebacite u folijsku vrećicu za pečenje ili zamotajte luk u dvostruku debljinu folije. Probušite vrh folije na nekoliko mjesta štapićem.

5. Za roštilj na drveni ugljen rasporedite srednje vruće ugljene po obodu roštilja. Isprobajte srednju temperaturu iznad središta roštilja. Stavite paket na sredinu rešetke za roštilj. Pokrijte i pecite oko 45 minuta ili dok luk ne omekša i ne postane jantarne boje. (Za plinski roštilj, prethodno zagrijte roštilj. Smanjite toplinu na srednju. Podesite za neizravno kuhanje. Stavite paket iznad plamenika koji je isključen. Poklopite i pecite prema uputama.)

6. Izvadite odreske iz marinade; bacite marinadu. Za roštilj na ugljen ili plin, stavite odreske na rešetku roštilja izravno na srednje jaku vatru. Pokrijte i pecite na roštilju 8 do 10 minuta ili dok termometar s trenutačnim očitanjem umetnut vodoravno u odreske ne pokaže 135°F, okrećući jednom. Prebacite odreske na pladanj, pokrijte folijom i ostavite da odstoje 10 minuta.

7. Za posluživanje podijelite salsa salatu na četiri tanjura za posluživanje. Na svaki tanjur stavite odrezak i na vrh stavite hrpu karameliziranog luka. Poslužite odmah.

Upute za pripremu: Salsa salata može se napraviti i ohladiti do 4 sata prije posluživanja.

RIBEYES NA ŽARU SA ZAČINSKIM LUKOM I ČEŠNJAKOM NA "MASLACU"

PRIPREMA:10 minuta kuhanja: 12 minuta hlađenja: 30 minuta grilanja: 11 minuta čini: 4 porcije

TOPLINA OD ODREZAKA UPRAVO S ROŠTILJA SE TOPIHRPE KARAMELIZIRANOG LUKA, ČEŠNJAKA I ZAČINSKOG BILJA SUSPENDIRANE U MJEŠAVINI KOKOSOVOG I MASLINOVOG ULJA BOGATOG OKUSA.

2 žlice nerafiniranog kokosovog ulja

1 mali luk, prepolovljen i narezan na vrlo tanke ploške (oko ¾ šalice)

1 režanj češnjaka, vrlo tanko narezan

2 žlice ekstra djevičanskog maslinovog ulja

1 žlica nasjeckanog svježeg peršina

2 žličice nasjeckanog svježeg timijana, ružmarina i/ili origana

4 goveđa odreska od 8 do 10 unci, izrezana debljine 1 inča

½ žličice svježe mljevenog crnog papra

1. U srednjoj tavi otopite kokosovo ulje na laganoj vatri. Dodajte luk; kuhajte 10 do 15 minuta ili dok lagano ne porumene, povremeno miješajući. Dodajte češnjak; kuhajte još 2 do 3 minute ili dok luk ne porumeni, povremeno miješajući.

2. Prebacite smjesu luka u manju zdjelu. Umiješajte maslinovo ulje, peršin i timijan. Ostavite u hladnjaku, bez poklopca, 30 minuta ili dok smjesa ne postane dovoljno čvrsta da se skupi kad se zagrabi, povremeno miješajući.

3. U međuvremenu odreske pospite paprom. Za roštilj na ugljen ili plin, stavite odreske na rešetku roštilja izravno na srednju vatru. Pokrijte i pecite na roštilju 11 do 15

minuta za srednje pečeno (145°F) ili 14 do 18 minuta za srednje pečeno (160°F), okrećite jednom na pola pečenja.

4. Za posluživanje svaki odrezak stavite na tanjur za posluživanje. Odmah ravnomjerno rasporedite smjesu luka na odreske.

RIBEYE SALATA S CIKLOM NA ZARU

PRIPREMA: 20 minuta roštilja: 55 minuta stajanja: 5 minuta čini: 4 porcije

ZEMLJANI OKUS CIKLE LIJEPO SE SLAŽE SA SLATKOĆOM NARANČI—A PRŽENI PEKAN ORASI DODAJU MALO HRSKAVOSTI OVOJ SALATI ZA GLAVNO JELO KOJA JE SAVRŠENA ZA JELO VANI U TOPLOJ LJETNOJ NOĆI.

1 funta srednje zlatne i/ili crvene cikle, očišćene, obrezane i narezane na kriške

1 mali luk, narezan na tanke kolutove

2 grančice svježeg timijana

1 žlica ekstra djevičanskog maslinovog ulja

Mljeveni crni papar

2 goveđa odreska bez kostiju od 8 unci, izrezana ¾ inča debljine

2 režnja češnjaka, prepolovljena

2 žlice mediteranskog začina (vidi recept)

6 šalica miješanog zeleniša

2 naranče, oguljene, izrezane i grubo nasjeckane

½ šalice nasjeckanih pekan oraha, tostiranih (vidi Savjet)

½ šalice Bright Citrus Vinaigrette (vidi recept)

1. Stavite ciklu, luk i grančice timijana u posudu od folije. Pokapajte uljem i promiješajte da se sjedini; lagano pospite mljevenim crnim paprom. Za roštilj na ugljen ili plin, stavite tavu na sredinu rešetke za roštilj. Pokrijte i pecite na roštilju 55 do 60 minuta ili dok ne omekša kada se probode nožem, povremeno miješajući.

2. U međuvremenu obje strane odrezaka natrljajte prerezanim stranama češnjaka; pospite mediteranskim začinima.

3. Pomaknite ciklu sa središta roštilja kako biste napravili mjesta za odreske. Dodajte odreske da se peku izravno na

srednjoj vatri. Pokrijte i pecite na roštilju 11 do 15 minuta za srednje pečeno (145°F) ili 14 do 18 minuta za srednje pečeno (160°F), okrećite jednom na pola pečenja. Uklonite foliju i odreske s roštilja. Pustite odreske da odstoje 5 minuta. Bacite grančice timijana iz posude od folije.

4. Odrezak tanko narežite dijagonalno na komade veličine zalogaja. Podijelite zelje na četiri tanjura za posluživanje. Povrh stavite narezani odrezak, ciklu, kriške luka, nasjeckane naranče i pekan orahe. Prelijte Bright Citrus Vinaigrette.

REBARCA NA KOREJSKI S DINSTANIM KUPUSOM OD ĐUMBIRA

PRIPREMA:50 minuta kuhanja: 25 minuta pečenja: 10 sati hlađenja: preko noći čini: 4 porcije

PROVJERITE JE LI POKLOPAC VAŠE NIZOZEMSKE PEĆNICEPRISTAJE VRLO ČVRSTO TAKO DA TIJEKOM VRLO DUGOG VREMENA PIRJANJA TEKUĆINA OD KUHANJA NE ISPARI KROZ OTVOR IZMEĐU POKLOPCA I LONCA.

1 unca suhih shiitake gljiva
1½ šalice narezanog mladog luka
1 azijska kruška, oguljena, bez jezgre i nasjeckana
1 komad svježeg đumbira od 3 inča, oguljen i nasjeckan
1 serrano chile papričica, sitno nasjeckana (bez sjemenki po želji) (vidiSavjet)
5 češnja češnjaka
1 žlica rafiniranog kokosovog ulja
5 funti goveđih kratkih rebara s kostima
Svježe mljeveni crni papar
4 šalice juhe od goveđih kostiju (vidirecept) ili goveđu juhu bez dodatka soli
2 šalice narezanih svježih shiitake gljiva
1 žlica sitno naribane narančine kore
⅓ šalice svježeg soka
Pirjani kupus od đumbira (vidirecept, dolje)
Sitno nasjeckana narančina kora (po želji)

1. Zagrijte pećnicu na 325°F. Stavite sušene shiitake gljive u malu zdjelu; dodajte dovoljno kipuće vode da pokrije. Pustite da stoji oko 30 minuta ili dok se ne rehidrira i omekša. Ocijedite, čuvajući tekućinu za namakanje. Gljive sitno nasjeckajte. Stavite gljive u malu zdjelu; pokrijte i stavite u hladnjak dok ne bude potrebno u koraku 4. Ostavite gljive i tekućinu sa strane.

2. Za umak, u procesoru hrane pomiješajte mladi luk, azijsku krušku, đumbir, serrano, češnjak i sačuvanu tekućinu za namakanje gljiva. Pokrijte i obradite dok ne postane glatko. Ostavite umak sa strane.

3. U pećnici od 6 litara zagrijte kokosovo ulje na srednje jakoj vatri. Kratka rebra pospite svježe mljevenim crnim paprom. Pecite rebra, u serijama, u vrućem kokosovom ulju oko 10 minuta ili dok dobro ne porumene sa svih strana, okrećući ih na pola pečenja. Vratite sva rebra u lonac; dodajte umak i juhu od goveđih kostiju. Pokrijte pećnicu čvrstim poklopcem. Pecite oko 10 sati ili dok meso ne omekša i ne otpadne s kostiju.

4. Pažljivo izvadite rebra iz umaka. Stavite rebra i umak u zasebne posude. Pokrijte i stavite u hladnjak preko noći. Kada se ohladi, uklonite masnoću s površine umaka i bacite ga. Pustite umak da zavrije na jakoj vatri; dodajte hidratizirane gljive iz koraka 1 i svježe gljive. Lagano kuhajte 10 minuta kako biste smanjili umak i pojačali okuse. U umak vratiti rebra; pirjati dok se ne zagrije. Umiješajte 1 žlicu narančine korice i sok od naranče. Poslužite s pirjanim kupusom od đumbira. Po želji dodatno pospite narančinom koricom.

Pirjani kupus od đumbira: U velikoj tavi zagrijte 1 žlicu rafiniranog kokosovog ulja na srednje jakoj vatri. Dodajte 2 žlice mljevenog svježeg đumbira; 2 režnja češnjaka, mljevena; i mljevena crvena paprika po ukusu. Kuhajte i miješajte dok ne zamiriše, oko 30 sekundi. Dodajte 6 šalica nasjeckanog napa, savojskog ili zelenog kupusa i 1 azijsku krušku, oguljenu, bez jezgre i narezanu na tanke kriške. Kuhajte i miješajte 3 minute ili dok kupus malo ne uvene, a kruška omekša. Umiješajte ½ šalice nezaslađenog soka od jabuke. Poklopite i kuhajte oko 2 minute dok kupus ne omekša. Umiješajte ½ šalice narezanog mladog luka i 1 žlicu sjemenki sezama.

GOVEĐA KRATKA REBARCA S GREMOLATOM OD CITRUSA I KOMORAČA

PRIPREMA:40 minuta roštilja: 8 minuta sporog kuhanja: 9 sati (nisko) ili 4½ sata (jako) čini: 4 porcije

GREMOLATA JE AROMATIČNA MJEŠAVINAPERŠINA, ČEŠNJAKA I KORE LIMUNA KOJI SE POSIPAJU PO OSSO BUCCO-KLASIČNO TALIJANSKO JELO OD PIRJANIH TELEĆIH BUTOVA-KAKO BI SE ULJEPŠAO NJEGOV BOGATI, MASNI OKUS. UZ DODATAK NARANČINE KORE I SVJEŽIH PERNATIH LISTOVA KOMORAČA, ČINI ISTO ZA OVA NJEŽNA GOVEĐA KRATKA REBARCA.

REBRA

- 2½ do 3 funte goveđih kratkih rebara s kostima
- 3 jušne žlice začina limuna i trava (vidi recept)
- 1 srednja lukovica komorača
- 1 veliki luk, izrezan na velike kriške
- 2 šalice juhe od goveđih kostiju (vidi recept) ili goveđu juhu bez dodatka soli
- 2 režnja češnjaka, prepolovljena

TIKVA PEČENA U TAVI

- 3 žlice ekstra djevičanskog maslinovog ulja
- 1 funta butternut tikve, oguljene, bez sjemenki i narezane na komade od ½ inča (oko 2 šalice)
- 4 žličice narezane svježe majčine dušice
- Ekstra djevičansko maslinovo ulje

GREMOLATA

- ¼ šalice nasjeckanog svježeg peršina
- 2 žlice mljevenog češnjaka
- 1½ žličice sitno naribane kore limuna

1½ žličice sitno naribane narančine kore

1. Pospite kratka rebra začinom od limuna i trava; prstima lagano utrljajte u meso; Staviti na stranu. Uklonite lišće s komorača; odvojiti za Citrus-Fennel Gremolata. Odrežite i četvrtinu lukovice komorača.

2. Za roštilj na drveni ugljen rasporedite srednje vruće ugljene s jedne strane roštilja. Isprobajte srednju temperaturu iznad strane roštilja bez ugljena. Stavite kratka rebra na rešetku roštilja na stranu bez ugljena; stavite četvrtine komorača i kriške luka na rešetku izravno iznad ugljena. Pokrijte i pecite na roštilju 8 do 10 minuta ili dok povrće i rebra ne porumene, okrećite jednom na pola pečenja. (Za plinski roštilj, prethodno zagrijte roštilj, smanjite temperaturu na srednju. Podesite za neizravno kuhanje. Stavite rebra na rešetku roštilja iznad plamenika koji je isključen; stavite komorač i luk na rešetku iznad plamenika koji je uključen. Poklopite i pecite prema uputama.) Kad se dovoljno ohladi za rukovanje, krupno nasjeckajte komorač i luk.

3. U loncu za sporo kuhanje od 5 do 6 litara pomiješajte nasjeckani komorač i luk, juhu od goveđih kostiju i češnjak. Dodajte rebra. Poklopite i kuhajte na niskoj temperaturi 9 do 10 sati ili 4½ do 5 sati na jakoj temperaturi. Pomoću šupljikave žlice prebacite rebra na pladanj; pokriti folijom da ostane toplo.

4. U međuvremenu, za tikvicu, u velikoj tavi zagrijte 3 žlice ulja na srednje jakoj vatri. Dodajte tikvu i 3 žličice majčine dušice, miješajući da prekrijete tikvu. Složite tikvicu u jednom sloju u tavu i kuhajte bez miješanja oko 3 minute ili dok donje strane ne porumene. Okrenite komade tikve;

kuhajte još oko 3 minute ili dok druge strane ne porumene. Smanjite toplinu na nisku; poklopite i kuhajte 10 do 15 minuta ili dok ne omekša. Pospite preostalom 1 žličicom svježeg timijana; pokapajte dodatnim ekstra djevičanskim maslinovim uljem.

5. Za gremolatu, sitno nasjeckajte dovoljno sačuvanih listova komorača da napravite ¼ šalice. U maloj zdjeli pomiješajte nasjeckane listove komorača, peršin, češnjak, koricu limuna i koricu naranče.

6. Gremolatu pospite po rebarcima. Poslužite s tikvicama.

GOVEĐE PLJESKAVICE NA ŠVEDSKI NAČIN SA SALATOM OD SENFA I KOPRA OD KRASTAVACA

PRIPREMA:30 minuta kuhanja: 15 minuta čini: 4 porcije

BEEF À LA LINDSTROM JE ŠVEDSKI HAMBURGERKOJI SE TRADICIONALNO POSIPA LUKOM, KAPARIMA I UKISELJENOM CIKLOM POSLUŽUJE S UMAKOM I BEZ LEPINJE. OVA VERZIJA PROŽETA PIMENTOM ZAMJENJUJE PEČENU CIKLU ZA KISELU CIKLU PUNU SOLI I KAPARA, A PRELIVENA JE PEČENIM JAJETOM.

SALATA OD KRASTAVACA

- 2 žličice svježeg soka od naranče
- 2 žličice bijelog vinskog octa
- 1 žličica Dijon senfa (vidirecept)
- 1 žlica ekstra djevičanskog maslinovog ulja
- 1 veliki (engleski) krastavac bez sjemenki, oguljen i narezan na ploške
- 2 žlice narezanog mladog luka
- 1 žlica nasjeckanog svježeg kopra

GOVEĐE PLJESKAVICE

- 1 funta mljevene govedine
- ¼ šalice sitno nasjeckanog luka
- 1 žlica Dijon senfa (vidirecept)
- ¾ žličice crnog papra
- ½ žličice mljevene pimente
- ½ male cvekle, pečene, oguljene i sitno narezane na kockice*
- 2 žlice ekstra djevičanskog maslinovog ulja
- ½ šalice juhe od govedih kostiju (vidirecept) ili goveđu juhu bez dodatka soli
- 4 velika jaja
- 1 žlica sitno nasjeckanog vlasca

1. Za salatu od krastavaca, u velikoj zdjeli pomiješajte sok od naranče, ocat i senf Dijon. Polako dodajte maslinovo ulje u tankom mlazu, miješajući dok se dressing malo ne zgusne. Dodajte krastavac, mladi luk i kopar; miješajte dok se ne sjedini. Pokrijte i stavite u hladnjak do vremena za posluživanje.

2. Za goveđe pljeskavice, u velikoj zdjeli pomiješajte mljevenu govedinu, luk, Dijon senf, papar i piment. Dodajte pečenu repu i lagano miješajte dok se ravnomjerno ne sjedini s mesom. Smjesu oblikujte u četiri pljeskavice debljine ½ inča.

3. U velikoj tavi zagrijte 1 žlicu maslinovog ulja na srednje jakoj vatri. Pržite pljeskavice oko 8 minuta ili dok ne porumene izvana i dok se ne ispeku (160°), okrećući ih jednom. Prebacite pljeskavice na tanjur i labavo pokrijte folijom da ostanu tople. Dodajte juhu od goveđih kostiju, miješajući da sastružete zapečene komadiće s dna tave. Kuhajte oko 4 minute ili dok se ne smanji na pola. Prelijte pljeskavice smanjenim sokom iz tave i ponovno lagano pokrijte.

4. Isperite i obrišite tavu papirnatim ručnikom. Zagrijte preostalu 1 žlicu maslinovog ulja na srednjoj vatri. Jaja pržite na vrućem ulju 3 do 4 minute ili dok bjelanjci ne budu pečeni, a žumanjci ostanu mekani i tekući.

5. Na svaku goveđu plesku stavite jaje. Pospite vlascem i poslužite uz salatu od krastavaca.

*Savjet: Za pečenje cikle dobro je oribajte i stavite na komad aluminijske folije. Prelijte s malo maslinova ulja.

Zamotajte u foliju i čvrsto zatvorite. Pecite u pećnici zagrijanoj na 375°F oko 30 minuta ili dok vilica lako ne probuši repu. Neka se ohladi; skliznuti kožu. (Cvekla se može peći do 3 dana unaprijed. Oguljenu pečenu ciklu čvrsto zamotajte i čuvajte u hladnjaku.)

DIMLJENI GOVEĐI BURGERI NA RIKULI S PEČENIM KORJENASTIM POVRĆEM

PRIPREMA: 40 minuta kuhanja: 35 minuta pečenja: 20 minuta čini: 4 porcije

IMA PUNO ELEMENATA OVIM IZDAŠNIM HAMBURGERIMA—I POTREBNO IM JE MALO VREMENA DA SE SLOŽE—ALI NEVJEROJATNA KOMBINACIJA OKUSA ČINI GA VRIJEDNIM TRUDA: MESNATI HAMBURGER PRELIVEN JE KARAMELIZIRANIM UMAKOM OD LUKA I GLJIVA I POSLUŽEN SA SLATKIM PEČENIM POVRĆEM I PAPROM RIKULA.

5 žlica ekstra djevičanskog maslinovog ulja

2 šalice narezanih svježih gljiva, cremini i/ili shiitake gljiva

3 glavice žutog luka, tanko narezane*

2 žličice sjemenki kima

3 mrkve, oguljene i narezane na komade od 1 inča

2 pastrnjaka, oguljena i narezana na komade od 1 inča

1 tikvica od žira, prepolovljena, očišćena od sjemenki i narezana na kriške

Svježe mljeveni crni papar

2 kilograma mljevene junetine

½ šalice sitno nasjeckanog luka

1 žlica višenamjenske mješavine začina bez soli

2 šalice juhe od goveđih kostiju (vidi recept) ili goveđu juhu bez dodatka soli

¼ šalice nezaslađenog soka od jabuke

1 do 2 žlice suhog šerija ili bijelog vinskog octa

1 žlica Dijon senfa (vidi recept)

1 žlica nasjeckanih listova svježeg timijana

1 žlica nasjeckanog svježeg peršinovog lišća

8 šalica listova rikule

1. Zagrijte pećnicu na 425°F. Za umak, u velikoj tavi zagrijte 1 žlicu maslinovog ulja na srednje jakoj vatri. Dodajte gljive; kuhajte i miješajte oko 8 minuta ili dok dobro ne

porumeni i omekša. Šupljikavom žlicom prebacite gljive na tanjur. Vratite tavu na plamenik; smanjite toplinu na srednju. Dodajte preostalu 1 žlicu maslinovog ulja, narezani luk i sjemenke kima. Poklopite i kuhajte 20 do 25 minuta ili dok luk ne omekša i dobro se zapeče, povremeno miješajući. (Prilagodite toplinu prema potrebi kako biste spriječili da luk zagori.)

2. U međuvremenu, za pečeno korjenasto povrće, na veliki lim za pečenje posložite mrkvu, pastrnjak i bundevu. Prelijte s 2 žlice maslinova ulja i pospite paprom po ukusu; baciti da premaže povrće. Pecite 20 do 25 minuta ili dok ne omekšaju i ne počnu rumeniti, okrećući jednom na pola pečenja. Držite povrće na toplom do posluživanja.

3. Za hamburgere, u velikoj zdjeli pomiješajte mljevenu junetinu, sitno nasjeckani luk i mješavinu začina. Mesnu smjesu podijelite na četiri jednaka dijela i oblikujte pljeskavice debljine oko ¾ inča. U posebno velikoj tavi zagrijte preostalu 1 žlicu maslinovog ulja na srednje jakoj vatri. Dodajte hamburgere u tavu; kuhajte oko 8 minuta ili dok se ne zapeče s obje strane, okrećući jednom. Prebacite hamburgere na tanjur.

4. U tavu dodajte karamelizirani luk, sačuvane gljive, juhu od goveđih kostiju, sok od jabuke, šeri i senf u Dijon stilu, miješajući da se sjedini. Vratite hamburgere u tavu. Pustiti da se kuha. Kuhajte dok hamburgeri nisu gotovi (160°F), oko 7 do 8 minuta. Umiješajte svježi timijan, peršin i papar po ukusu.

5. Za posluživanje rasporedite po 2 šalice rikule na svaki od četiri tanjura za posluživanje. Podijelite pečeno povrće na

salate, a zatim nadjenite hamburgere. Obilno žlicom nanesite smjesu luka na hamburgere.

*Savjet: Rezač za mandoline odlična je pomoć pri tankom rezanju luka.

GOVEĐI BURGERI NA ŽARU S RAJČICAMA U KORI OD SEZAMA

PRIPREMA:30 minuta stajanje: 20 minuta roštilj: 10 minuta čini: 4 porcije

HRSKAVE, ZLATNO-SMEĐE KRIŠKE RAJČICE S KORICOM OD SEZAMAZAMIJENITE TRADICIONALNO PECIVO SA SJEMENKAMA SEZAMA U OVIM DIMLJENIM HAMBURGERIMA. POSLUŽITE IH S NOŽEM I VILICOM.

- 4 kriške crvene ili zelene rajčice debljine ½ inča*
- 1¼ funte nemasne mljevene govedine
- 1 žlica začina Smoky (vidirecept)
- 1 veliko jaje
- ¾ šalice obroka od badema
- ¼ šalice sjemenki sezama
- ¼ žličice crnog papra
- 1 manji crveni luk prepoloviti i narezati na ploške
- 1 žlica ekstra djevičanskog maslinovog ulja
- ¼ šalice rafiniranog kokosovog ulja
- 1 mala glavica zelene salate Bibb
- Paleo kečap (vidirecept)
- Dijon senf (vidirecept)

1. Stavite kriške rajčice na dupli sloj papirnatih ručnika. Prekrijte rajčice još jednim dvostrukim slojem papirnatih ručnika. Lagano pritisnite papirnate ručnike da se zalijepe za rajčice. Ostavite stajati na sobnoj temperaturi 20 do 30 minuta kako bi se dio soka od rajčice upilo.

2. U međuvremenu, u velikoj zdjeli pomiješajte mljevenu govedinu i začine Smoky. Oblikujte četiri pljeskavice debljine ½ inča.

3. U plitkoj zdjeli vilicom lagano umutiti jaja. U drugoj plitkoj zdjeli pomiješajte brašno od badema, sjemenke sezama i papar. Svaku krišku rajčice umočite u jaje, okrećite da premažete. Pustite da višak jaja opadne. Umočite svaku krišku rajčice u mješavinu brašna od badema, okrećite je da premažete. Stavite premazane rajčice na ravni tanjur; Staviti na stranu. Prelijte ploške luka maslinovim uljem; stavite ploške luka u košaru za roštilj.

4. Za roštilj na ugljen ili plin, stavite luk u košaricu i goveđe pljeskavice na rešetku roštilja na srednju vatru. Pokrijte i pecite na roštilju 10 do 12 minuta ili luk postane zlatnosmeđi i lagano zapečen, a pljeskavice su gotove (160°), povremeno miješajući luk i jednom okrećući pljeskavice.

5. U međuvremenu, u velikoj tavi zagrijte ulje na srednje jakoj vatri. Dodajte kriške rajčice; kuhajte 8 do 10 minuta ili dok ne porumene, okrećući jednom. (Ako rajčice prebrzo porumene, smanjite temperaturu na srednje nisku. Ako je potrebno, dodajte još ulja.) Ocijedite na tanjuru obloženom papirnatim ručnikom.

6. Za posluživanje podijelite zelenu salatu na četiri tanjura za posluživanje. Povrh stavite pljeskavice, luk, paleo kečap, dijon senf i rajčice u kori od sezama.

*Napomena: Vjerojatno će vam trebati 2 velike rajčice. Ako koristite crvene rajčice, odaberite rajčice koje su tek zrele, ali još uvijek malo čvrste.

BURGERI NA ŠTAPIĆU S BABA GHANOUSH UMAKOM

UPITI:15 minuta pripreme: 20 minuta roštilja: 35 minuta čini: 4 porcije

BABA GHANOUSH JE BLISKOISTOČNI NAMAZOD DIMLJENO PEČENIH PATLIDŽANA PASIRANIH S MASLINOVIM ULJEM, LIMUNOM, ČEŠNJAKOM I TAHINIJEM, PASTOM OD MLJEVENIH SJEMENKI SEZAMA. POSIP SJEMENKI SEZAMA JE U REDU, ALI KADA SE OD NJIH NAPRAVI ULJE ILI PASTA, POSTAJU KONCENTRIRANI IZVOR LINOLNE KISELINE, KOJA MOŽE PRIDONIJETI UPALI. MASLAC OD PINJOLA KOJI SE OVDJE KORISTI ČINI DOBRU ZAMJENU.

- 4 sušene rajčice
- 1½ funte nemasne mljevene govedine
- 3 do 4 žlice sitno nasjeckanog luka
- 1 žlica sitno nasjeckanog svježeg origana i/ili sitno nasjeckane svježe mente ili ½ žličice sušenog origana, zdrobljenog
- ¼ žličice kajenskog papra
- Baba Ghanoush umak za umakanje (vidirecept, dolje)

1. Namočite osam drvenih ražnjića od 10 inča u vodi 30 minuta. U međuvremenu, u maloj posudi prelijte kipuću vodu preko rajčica; ostavite stajati 5 minuta da se rehidrira. Ocijedite rajčice i osušite ih papirnatim ručnicima.

2. U velikoj zdjeli pomiješajte nasjeckane rajčice, mljevenu govedinu, luk, origano i kajenski papar. Mesnu smjesu podijeliti na osam dijelova; svaki dio razvaljajte u kuglicu. Izvadite ražnjiće iz vode; osušiti tapkanjem. Navucite jednu lopticu na ražanj i oblikujte je u dugačak oval oko

ražnjića, počevši odmah ispod šiljastog vrha i ostavljajući dovoljno mjesta na drugom kraju da možete držati štapić. Ponovite s preostalim ražnjićima i kuglicama.

3. Za roštilj na ugljen ili plin, stavite goveđe ražnjiće na rešetku roštilja izravno na srednju vatru. Pokrijte i pecite oko 6 minuta ili dok ne bude gotovo (160°F), okrećite jednom na pola pečenja. Poslužite s Baba Ghanoush umakom za umakanje.

Baba Ghanoush umak za umakanje: Izbodite 2 srednja patlidžana na nekoliko mjesta vilicom. Za roštilj na ugljen ili plin, stavite patlidžane na rešetku roštilja izravno na srednju vatru. Pokrijte i pecite na roštilju 10 minuta ili dok ne pougljeni sa svih strana, okrećući nekoliko puta tijekom pečenja. Patlidžane izvadite i pažljivo zamotajte u foliju. Zamotane patlidžane stavite natrag na rešetku roštilja, ali ne izravno na ugljen. Pokrijte i pecite na roštilju još 25 do 35 minuta ili dok se ne sklopi i postane vrlo mekano. Cool. Patlidžane prepolovite i ostružite im meso; stavite meso u procesor hrane. Dodajte ¼ šalice maslaca od pinjola (vidirecept); ¼ šalice svježeg soka od limuna; 2 režnja češnjaka, mljevena; 1 žlica ekstra djevičanskog maslinovog ulja; 2 do 3 žlice nasjeckanog svježeg peršina; i ½ žličice mljevenog kima. Pokrijte i obradite dok ne bude gotovo glatka. Ako je umak pregust za umakanje, umiješajte dovoljno vode da dobijete željenu gustoću.

DIMLJENO PUNJENA SLATKA PAPRIKA

PRIPREMA: 20 minuta kuhanja: 8 minuta pečenja: 30 minuta čini: 4 porcije

UČINITE OVU OBITELJ OMILJENOMS MJEŠAVINOM ŠARENIH SLATKIH PAPRIKA ZA PRIVLAČNO JELO. RAJČICE PEČENE NA VATRI DOBAR SU PRIMJER KAKO JELU NA ZDRAV NAČIN DODATI ODLIČAN OKUS. JEDNOSTAVAN ČIN LAGANOG PEČENJA RAJČICA PRIJE KONZERVIRANJA (BEZ SOLI) POJAČAVA NJIHOV OKUS.

4 velike zelene, crvene, žute i/ili narančaste slatke paprike

1 funta mljevene govedine

1 žlica začina Smoky (vidi recept)

1 žlica ekstra djevičanskog maslinovog ulja

1 manja glavica žutog luka nasjeckana

3 češnja češnjaka, nasjeckana

1 manja glavica cvjetače, bez jezgre i razlomljena na cvjetiće

1 limenka od 15 unci bez dodane soli narezane na kockice pečene rajčice, ocijeđene

¼ šalice sitno nasjeckanog svježeg peršina

½ žličice crnog papra

⅛ žličice kajenskog papra

½ šalice preljeva od mrvica od oraha (vidi recept, dolje)

1. Zagrijte pećnicu na 375°F. Slatke paprike okomito prepolovite. Uklonite stabljike, sjemenke i opne; odbaciti. Polovice paprika ostavite sa strane.

2. Stavite mljevenu govedinu u zdjelu srednje veličine; pospite začinima Smoky. Rukama nježno umiješajte začine u meso.

3. U velikoj tavi zagrijte maslinovo ulje na srednje jakoj vatri. Dodajte meso, luk i češnjak; kuhajte dok meso ne

porumeni i luk ne omekša, miješajući drvenom kuhačom da se meso izlomi. Uklonite tavu s vatre.

4. U sjeckalici obradite cvjetiće cvjetače dok se vrlo sitno ne nasjeckaju. (Ako nemate multipraktik, naribajte cvjetaču na ribež.) Izmjerite 3 šalice cvjetače. Dodajte smjesi mljevene govedine u tavi. (Ako je ostalo cvjetače, sačuvajte je za drugu upotrebu.) Umiješajte ocijeđene rajčice, peršin, crni papar i kajenski papar.

5. Napunite polovice paprike smjesom od mljevene govedine, lagano je nabijte i lagano nabijte. Punjene polovice paprika posložiti u posudu za pečenje. Pecite 30 do 35 minuta ili dok paprike ne postanu hrskave.* Prelijte preljevom od orahovih mrvica. Po želji, vratite u pećnicu na 5 minuta da postane hrskava prije posluživanja.

Preljev od mrvica od oraha: U srednjoj tavi zagrijte 1 žlicu ekstra djevičanskog maslinovog ulja na srednje niskoj temperaturi. Umiješajte 1 žličicu suhe majčine dušice, 1 žličicu dimljene paprike i ¼ žličice češnjaka u prahu. Dodajte 1 šalicu vrlo sitno sjeckanih oraha. Kuhajte i miješajte oko 5 minuta ili dok orasi ne porumene i lagano se tostiraju. Umiješajte mrvicu ili dvije kajenskog papra. Pustite da se potpuno ohladi. Čuvajte ostatke preljeva u dobro zatvorenoj posudi u hladnjaku do upotrebe. Čini 1 šalicu.

*Napomena: Ako koristite zelenu papriku, pecite dodatnih 10 minuta.

BURGERI OD BIZONA S CABERNET LUKOM I RUKOLOM

PRIPREMA: 30 minuta kuhanja: 18 minuta grilanja: 10 minuta čini: 4 porcije

BIZON IMA VRLO NIZAK UDIO MASTI I KUHAT ĆE SE 30% DO 50% BRŽE OD GOVEDINE. MESO NAKON KUHANJA ZADRŽAVA SVOJU CRVENU BOJU, TAKO DA BOJA NIJE POKAZATELJ SPREMNOSTI. BUDUĆI DA JE BIZON TAKO MRŠAV, NEMOJTE GA KUHATI IZNAD UNUTARNJE TEMPERATURE OD 155°F.

- 2 žlice ekstra djevičanskog maslinovog ulja
- 2 velika luka, tanko narezana
- ¾ šalice cabernet sauvignona ili drugog suhog crnog vina
- 1 žličica mediteranskog začina (vidi recept)
- ¼ šalice ekstra djevičanskog maslinovog ulja
- ¼ šalice balzamičnog octa
- 1 žlica sitno nasjeckane ljutike
- 1 žlica nasjeckanog svježeg bosiljka
- 1 mali češanj češnjaka, samljeven
- 1 funta mljevenog bizona
- ¼ šalice pesta od bosiljka (vidi recept)
- 5 šalica rikule
- Sirovi nesoljeni pistacije, tostirani (vidi Savjet)

1. U velikoj tavi zagrijte 2 žlice ulja na srednje niskoj temperaturi. Dodajte luk. Kuhajte poklopljeno 10 do 15 minuta ili dok luk ne omekša, povremeno miješajući. Otkriti; kuhajte i miješajte na srednje jakoj vatri 3 do 5 minuta ili dok luk ne porumeni. Dodajte vino; kuhajte oko 5 minuta ili dok većina vina ne ispari. Pospite mediteranskim začinima; držati na toplom.

2. U međuvremenu, za vinaigrette, u staklenku s poklopcem na odvrtanje pomiješajte ¼ šalice maslinovog ulja, ocat, ljutiku, bosiljak i češnjak. Poklopiti i dobro protresti.

3. U velikoj zdjeli lagano pomiješajte mljeveni bizon i Pesto od bosiljka. Mesnu smjesu lagano oblikujte u četiri pljeskavice debljine ¾ inča.

4. Za roštilj na ugljen ili plin, stavite pljeskavice na lagano podmazanu rešetku za roštilj izravno na srednju vatru. Pokrijte i pecite na roštilju oko 10 minuta do željene pečenosti (145°F za srednje pečeno ili 155°F za srednje pečeno), okrećite jednom na pola pečenja.

5. Stavite rikulu u veliku zdjelu. Prelijte vinaigrette preko rikule; baciti na kaput. Za posluživanje, podijelite luk na četiri tanjura za posluživanje; na svaku stavite hamburger od bizona. Odozgo pljeskavice stavite rikulu i pospite pistaćima.

ŠTRUCA OD BIZONA I JANJETINE NA BLITVI I SLATKOM KRUMPIRU

PRIPREMA:1 sat kuhanja: 20 minuta pečenja: 1 sat stajanja: 10 minuta čini: 4 porcije

OVO JE STAROMODNA UTJEŠNA HRANAS MODERNIM ZAOKRETOM. UMAK OD CRVENOG VINA MESNOJ ŠTRUCI DAJE BOLJI OKUS, A BLITVA OD ČEŠNJAKA I SLATKI KRUMPIR ZGNJEČEN S VRHNJEM OD INDIJSKIH ORAŠČIĆA I KOKOSOVIM ULJEM NUDE NEVJEROJATAN NUTRITIVNI SADRŽAJ.

2 žlice maslinovog ulja
1 šalica sitno nasjeckanih cremini gljiva
½ šalice sitno nasjeckanog crvenog luka (1 srednji)
½ šalice sitno nasjeckanog celera (1 stabljika)
⅓ šalice sitno nasjeckane mrkve (1 mala)
½ manje jabuke, oguljene i narezane na komade
2 češnja češnjaka, mljevena
½ žličice mediteranskog začina (vidi_recept_)
1 veće jaje, lagano tučeno
1 žlica narezane svježe kadulje
1 žlica nasjeckanog svježeg timijana
8 unci mljevenog bizona
8 unci mljevene janjetine ili govedine
¾ šalice suhog crnog vina
1 srednja ljutika, sitno nasjeckana
¾ šalice juhe od goveđih kostiju (vidi_recept_) ili goveđu juhu bez dodatka soli
Pire od slatkog krumpira (vidi_recept_, dolje)
Blitva češnjak (vidi_recept_, dolje)

1. Zagrijte pećnicu na 350°F. U velikoj tavi zagrijte ulje na srednje jakoj vatri. Dodajte gljive, luk, celer i mrkvu; kuhajte i miješajte oko 5 minuta ili dok povrće ne omekša.

Smanjite toplinu na nisku; dodajte nasjeckanu jabuku i češnjak. Kuhajte poklopljeno oko 5 minuta ili dok povrće ne omekša. Maknite s vatre; umiješajte mediteranske začine.

2. Pomoću šupljikave žlice premjestite smjesu gljiva u veliku zdjelu, ostavljajući kapalice u tavi. Umiješajte jaje, kadulju i timijan. Dodajte mljeveni bizon i mljevenu janjetinu; lagano promiješajte. Žlicom stavljajte mesnu smjesu u pravokutnu posudu za pečenje od 2 litre; oblikujte u pravokutnik 7×4 inča. Pecite oko 1 sat ili dok termometar s trenutnim očitanjem ne zabilježi 155°F. Neka odstoji 10 minuta. Mesnu štrucu pažljivo izvadite na tanjur za posluživanje. Pokrijte i držite na toplom.

3. Za umak u tavi, ostružite kaplje i hrskavo zapečene komadiće iz posude za pečenje u odvojene kapalice u tavi. Dodajte vino i ljutiku. Dovedite do vrenja na srednjoj vatri; kuhati dok se ne smanji na pola. Dodati juhu od goveđih kostiju; kuhati i miješati dok se ne reducira na pola. Uklonite tavu s vatre.

4. Za posluživanje podijelite pire od slatkog krumpira na četiri tanjura za posluživanje; na vrh stavite malo blitve češnjaka. Narežite mesnu štrucu; stavite kriške na blitvu s češnjakom i pokapajte umakom od tave.

Pire od slatkog krumpira: Ogulite i krupno nasjeckajte 4 srednja slatka krumpira. U velikom loncu kuhajte krumpir u dovoljno kipuće vode da bude pokriven 15 minuta ili dok ne omekša; odvoditi. Zgnječiti gnječilicom za krumpir. Dodajte ½ šalice kreme od indijskih oraščića (vidi recept) i

2 žlice nerafiniranog kokosovog ulja; zgnječite dok ne postane glatko. Držite na toplom.

Blitva češnjak: Uklonite stabljike s 2 svežnja blitve i bacite ih. Listove krupno nasjeckajte. U velikoj tavi zagrijte 2 žlice maslinovog ulja na srednje jakoj vatri. Dodajte blitvu i 2 češnja češnjaka, nasjeckana; kuhati dok blitva ne uvene uz povremeno miješanje hvataljkama.

ĆUFTE OD BIZONA U UMAKU OD JABUKE I RIBIZLA S PAPPARDELLEOM OD TIKVICA

PRIPREMA:25 minuta pečenja: 15 minuta kuhanja: 18 minuta čini: 4 porcije

ĆUFTE ĆE BITI JAKO MOKREDOK IH FORMIRATE. KAKO VAM SE MESNA SMJESA NE BI LIJEPILA ZA RUKE, DRŽITE PRI RUCI ZDJELU HLADNE VODE I POVREMENO NAVLAŽITE RUKE DOK RADITE. NEKOLIKO PUTA PROMIJENITE VODU DOK PRAVITE ĆUFTE.

MESNE OKRUGLICE
Maslinovo ulje

½ šalice krupno nasjeckanog crvenog luka

2 češnja češnjaka, mljevena

1 jaje, lagano tučeno

½ šalice sitno nasjeckanih šampinjona i peteljki

2 žlice nasjeckanog svježeg talijanskog (plosnati list) peršina

2 žličice maslinovog ulja

1 funta mljevenog bizona (krupnog mljevenja ako je dostupno)

UMAK OD JABUKE I RIBIZA
2 žlice maslinovog ulja

2 velike jabuke Granny Smith, oguljene, bez koštice i sitno nasjeckane

2 ljutike, mljevene

2 žlice svježeg soka od limuna

½ šalice juhe od pileće kosti (vidirecept) ili pileća juha bez dodatka soli

2 do 3 žlice sušenog ribiza

PAPPARDELLE OD TIKVICA
6 tikvica

2 žlice maslinovog ulja

¼ šalice sitno nasjeckanog mladog luka
½ žličice mljevene crvene paprike
2 češnja češnjaka, mljevena

1. Za mesne okruglice, zagrijte pećnicu na 375°F. Lagano premažite obrubljeni lim za pečenje maslinovim uljem; Staviti na stranu. U procesoru hrane ili blenderu pomiješajte luk i češnjak. Pulsirajte dok ne postane glatko. Prebacite smjesu luka u zdjelu srednje veličine. Dodajte jaje, gljive, peršin i 2 žličice ulja; promiješajte da se sjedini. Dodajte mljeveni bizon; lagano ali dobro promiješajte. Mesnu smjesu podijeliti na 16 dijelova; oblikujte polpete. Stavite mesne okruglice, ravnomjerno raspoređene, na pripremljeni lim za pečenje. Pecite 15 minuta; Staviti na stranu.

2. Za umak, u tavi zagrijte 2 žlice ulja na srednje jakoj vatri. Dodajte jabuke i ljutiku; kuhajte i miješajte 6 do 8 minuta ili dok ne omekša. Umiješajte limunov sok. Prebacite smjesu u procesor hrane ili blender. Pokrijte i obradite ili miksajte dok ne postane glatko; vratite u tavu. Umiješajte juhu od pilećih kostiju i ribizle. Dovesti do vrenja; smanjiti toplinu. Kuhajte nepoklopljeno 8 do 10 minuta uz često miješanje. Dodajte mesne okruglice; kuhajte i miješajte na laganoj vatri dok se ne zagrije.

3. U međuvremenu, za pappardelle, odrežite krajeve tikvica. Pomoću mandoline ili vrlo oštre gulilice za povrće narežite tikvice na tanke vrpce. (Kako bi vrpce ostale netaknute, prestanite brijati kada dođete do sjemenki u sredini tikve.) U posebno velikoj tavi zagrijte 2 žlice ulja na srednje jakoj vatri. Umiješajte mladi luk, mljevenu crvenu papriku i češnjak; kuhati i miješati 30 sekundi.

Dodajte trakice od tikvica. Kuhajte i lagano miješajte oko 3 minute ili samo dok ne uvene.

4. Za posluživanje podijelite pappardelle na četiri tanjura za posluživanje; na vrh stavite mesne okruglice i umak od jabuke i ribiza.

BISON-PORCINI BOLOGNESE S PEČENIM ČEŠNJAKOM I ŠPAGETIMA

PRIPREMA:30 minuta kuhanja: 1 sat 30 minuta pečenja: 35 minuta čini: 6 porcija

AKO SI MISLIO DA SI JEOVAŠE POSLJEDNJE JELO ŠPAGETA S MESNIM UMAKOM KADA STE PRIHVATILI PALEO DIJETU®, RAZMISLITE PONOVNO. OVAJ BOGATI BOLONJEZ S OKUSOM ČEŠNJAKA, CRNOG VINA I ZEMLJANIH VRGANJA PRELIVEN JE SLATKIM, UKUSNIM NITIMA ŠPAGETA OD TIKVE. TJESTENINA VAM NEĆE NITI MALO NEDOSTAJATI.

1 unca suhih vrganja

1 šalica kipuće vode

3 žlice ekstra djevičanskog maslinovog ulja

1 funta mljevenog bizona

1 šalica sitno nasjeckane mrkve (2)

½ šalice nasjeckanog luka (1 srednji)

½ šalice sitno nasjeckanog celera (1 stabljika)

4 češnja češnjaka, nasjeckana

3 žlice paste od rajčice bez soli

½ šalice crnog vina

2 konzerve od 15 unci mljevene rajčice bez dodane soli

1 žličica sušenog origana, zdrobljenog

1 čajna žličica osušene majčine dušice, zdrobljene

½ žličice crnog papra

1 srednja špageta tikva (2½ do 3 funte)

1 lukovica češnjaka

1. U maloj posudi pomiješajte vrganje i kipuću vodu; neka odstoji 15 minuta. Procijedite kroz sito obloženo 100%-tnom pamučnom gazom, ostavljajući tekućinu za namakanje. Nasjeckajte gljive; postaviti stranu.

2. U pećnici od 4 do 5 litara zagrijte 1 žlicu maslinovog ulja na srednje jakoj vatri. Dodajte mljeveni bizon, mrkvu, luk, celer i češnjak. Kuhajte dok meso ne porumeni i povrće ne omekša, miješajući drvenom kuhačom da se meso izlomi. Dodajte tijesto od rajčice; kuhati i miješati 1 minutu. Dodajte crno vino; kuhati i miješati 1 minutu. Pomiješajte vrganje, rajčice, origano, timijan i papar. Dodajte rezerviranu tekućinu od gljiva, pazeći da izbjegnete dodavanje pijeska ili šljunka koji bi mogli biti prisutni na dnu zdjele. Dovedite do vrenja, povremeno miješajući; smanjite toplinu na nisku. Poklopljeno kuhajte na laganoj vatri 1½ do 2 sata ili do željene gustoće.

3. U međuvremenu zagrijte pećnicu na 375°F. Tikvu prepolovite po dužini; ostrugati sjemenke. Stavite polovice tikve, prerezane strane prema dolje, u veliku posudu za pečenje. Vilicom izbodite kožu po cijelom dijelu. Odrežite gornji ½ inča glavice češnjaka. Češnjak s prerezanim vrhom prema gore stavite u posudu za pečenje s tikvicom. Pokapajte s preostalom 1 žlicom maslinovog ulja. Pecite 35 do 45 minuta ili dok tikva i češnjak ne omekšaju.

4. Žlicom i vilicom izvadite i narežite meso tikvice sa svake polovice tikvice; prebacite u zdjelu i poklopite da ostane toplo. Kada se češnjak dovoljno ohladi da se njime može rukovati, stisnite glavicu s dna da iskoči iz češnjaka. Vilicom zgnječite režnjeve češnjaka. U tikvu umiješajte zgnječeni češnjak, ravnomjerno rasporedivši češnjak. Za posluživanje, žlicom prelijte umak preko mješavine tikvica.

BISON CHILI CON CARNE

PRIPREMA: 25 minuta kuhanja: 1 sat i 10 minuta čini: 4 porcije

NEZASLAĐENA ČOKOLADA, KAVA I CIMETDODAJTE INTERES OVOM SRDAČNOM FAVORITU. AKO ŽELITE JOŠ VIŠE DIMLJENOG OKUSA, OBIČNU PAPRIKU ZAMIJENITE 1 ŽLICOM SLATKE DIMLJENE PAPRIKE.

3 žlice ekstra djevičanskog maslinovog ulja
1 funta mljevenog bizona
½ šalice nasjeckanog luka (1 srednji)
2 češnja češnjaka, mljevena
2 limenke od 14,5 unce narezane na kockice rajčice bez dodane soli, neocijeđene
1 limenka paste od rajčice bez soli od 6 unci
1 šalica juhe od goveđih kostiju (vidi recept) ili goveđu juhu bez dodatka soli
½ šalice jake kave
2 unce 99% kakao pločica za pečenje, nasjeckana
1 žlica paprike
1 žličica mljevenog kima
1 žličica sušenog origana
1½ žličice dimljenog začina (vidi recept)
½ žličice mljevenog cimeta
⅓ šalice pepita
1 žličica maslinovog ulja
½ šalice kreme od indijskih oraščića (vidi recept)
1 žličica svježeg soka od limete
½ šalice svježeg lišća cilantra
4 kriške limete

1. U pećnici zagrijte 3 žlice maslinovog ulja na srednje jakoj vatri. Dodajte mljeveni bizon, luk i češnjak; kuhajte oko 5 minuta ili dok meso ne porumeni, miješajući drvenom kuhačom da se meso izlomi. Umiješajte neocijeđene

rajčice, pastu od rajčice, juhu od goveđih kostiju, kavu, čokoladu za pečenje, papriku, kumin, origano, 1 žličicu začina Smoky i cimet. Dovesti do vrenja; smanjiti toplinu. Poklopljeno kuhajte na laganoj vatri 1 sat uz povremeno miješanje.

2. U međuvremenu, u maloj tavi prepecite pepita na 1 žličici maslinovog ulja na srednjoj vatri dok ne počnu pucati i postanu zlatne. Stavite pepitas u malu zdjelu; dodajte preostalih ½ žličice Smoky Seasoning; baciti na kaput.

3. U maloj posudi pomiješajte kremu od indijskih oraščića i sok limete.

4. Za posluživanje istresite čili u zdjelice. Vrhunske porcije s kremom od indijskih oraščića, pepitama i cilantrom. Poslužite s kriškama limete.

MAROKANSKI ZAČINJENI ODRESCI BIZONA S LIMUNIMA NA ŽARU

PRIPREMA: 10 minuta roštilja: 10 minuta čini: 4 porcije

POSLUŽITE OVE ODRESKE KOJI SE BRZO SPREMAJU S HLADNOM I HRSKAVOM SLAMOM OD MRKVE (VIDI RECEPT). AKO STE ŽELJNI POSLASTICE, ANANAS NA ŽARU S VRHNJEM OD KOKOSA (VIDI RECEPT) BIO BI SJAJAN NAČIN DA ZAVRŠITE OBROK.

2 žlice mljevenog cimeta

2 žlice paprike

1 žlica češnjaka u prahu

¼ žličice kajenskog papra

4 odreska fileta bizona mignon od 6 unci, izrezana ¾ do 1 inča debljine

2 limuna, vodoravno prepolovljena

1. U maloj posudi pomiješajte cimet, papriku, češnjak u prahu i kajenski papar. Odreske osušite papirnatim ručnicima. Obje strane odrezaka natrljajte mješavinom začina.

2. Za roštilj na ugljen ili plin, stavite odreske na rešetku roštilja izravno na srednju vatru. Pokrijte i pecite na roštilju 10 do 12 minuta za srednje pečeno (145°F) ili 12 do 15 minuta za srednje pečeno (155°F), okrećite jednom na pola pečenja. U međuvremenu stavite polovice limuna, prerezane strane prema dolje, na rešetku za roštilj. Pecite na roštilju 2 do 3 minute ili dok malo ne pougljene i postane sočno.

3. Poslužite uz grilane polovice limuna koje ćete iscijediti preko odrezaka.

HERBES DE PROVENCE - PECENJE OD TRLJANOG BIZONA

PRIPREMA:15 minuta kuhanja: 15 minuta pečenja: 1 sat 15 minuta stajanja: 15 minuta
čini: 4 porcije

HERBES DE PROVENCE JE MJESAVINA SUSENOG BILJA KOJE U IZOBILJU RASTE NA JUGU FRANCUSKE. MJESAVINA OBICNO SADRZI NEKU KOMBINACIJU BOSILJKA, SJEMENKI KOMORACA, LAVANDE, MAZURANA, RUZMARINA, KADULJE, LJETNOG CUBRA I MAJCINE DUSICE. PREKRASNO AROMATIZIRA OVO VRLO AMERIČKO PEČENJE.

- 1 pečeni file od bizona od 3 funte
- 3 žlice provansalskog bilja
- 4 žlice ekstra djevičanskog maslinovog ulja
- 3 češnja češnjaka, nasjeckana
- 4 manja pastrnjaka oguljena i nasjeckana
- 2 zrele kruške, bez koštice i nasjeckane
- ½ šalice nezaslađenog nektara od kruške
- 1 do 2 žličice svježeg timijana

1. Zagrijte pećnicu na 375°F. Odrežite masnoću s pečenja. U maloj posudi pomiješajte provansalsko bilje, 2 žlice maslinovog ulja i češnjak; utrljajte preko cijele pečenke.

2. Pečeno stavite na rešetku u plitku posudu za pečenje. Umetnite termometar za pećnicu u sredinu pečenja.* Pecite nepokriveno 15 minuta. Smanjite temperaturu pećnice na 300°F. Pecite još 60 do 65 minuta ili dok termometar za meso ne zabilježi 140°F (srednje pečeno). Pokrijte folijom i ostavite da odstoji 15 minuta.

3. U međuvremenu, u velikoj tavi zagrijte preostale 2 žlice maslinovog ulja na srednje jakoj vatri. Dodajte pastrnjak i kruške; kuhajte 10 minuta ili dok pastrnjak ne postane hrskav-nježan, povremeno miješajući. Dodajte nektar od kruške; kuhajte oko 5 minuta ili dok se umak malo ne zgusne. Pospite majčinom dušicom.

4. Pečeno meso narežite na tanke ploške poprečno. Meso poslužite uz pastrnjak i kruške.

*Savjet: Bizon je vrlo mršav i kuha se brže od govedine. Osim toga, boja mesa je crvenija od goveđeg, tako da se ne možete osloniti na vizualni znak da biste odredili spremnost. Trebat će vam termometar za meso kako biste znali kada je meso gotovo. Termometar za pećnicu je idealan, ali nije neophodan.

BISON SHORT RIBS PIRJAN U KAVI S GREMOLATOM MANDARINE I KAŠOM OD KORIJENA CELERA

PRIPREMA: 15 minuta kuhanja: 2 sata i 45 minuta čini: 6 porcija

KRATKA REBRA BIZONA SU VELIKA I MESNATA. POTREBNO IH JE DUGO KUHATI U TEKUĆINI KAKO BI OMEKŠALI. GREMOLATA S KOROM MANDARINE ULJEPŠAVA OKUS OVOG IZDAŠNOG JELA.

MARINADA

2 šalice vode

3 šalice jake kave, ohlađene

2 šalice svježeg soka od mandarine

2 žlice nasjeckanog svježeg ružmarina

1 žličica krupno mljevenog crnog papra

Kratka rebra bizona od 4 funte, razrezana između rebara da se razdvoje

PIRJAJTE

2 žlice maslinovog ulja

1 žličica crnog papra

2 šalice nasjeckanog luka

½ šalice nasjeckane ljutike

6 režnjeva češnjaka nasjeckanih

1 jalapeño chile, bez sjemenki i nasjeckan (vidi Savjet)

1 šalica jake kave

1 šalica juhe od goveđih kostiju (vidi recept) ili goveđu juhu bez dodatka soli

¼ šalice paleo kečapa (vidi recept)

2 žlice Dijon senfa (vidi recept)

3 žlice jabukovače octa

Kaša od korijena celera (vidi recept, dolje)

Mandarina Gremolata (vidi recept, desno)

1. Za marinadu, u velikoj posudi koja ne reaguje (od stakla ili nehrđajućeg čelika) pomiješajte vodu, ohlađenu kavu, sok od mandarine, ružmarin i crni papar. Dodajte rebra. Po potrebi stavite tanjur na rebra kako bi ostala potopljena. Pokrijte i ohladite 4 do 6 sati, presložite i promiješajte jednom.

2. Za pirjanje zagrijte pećnicu na 325°F. Ocijedite rebra, bacivši marinadu. Osušite rebra papirnatim ručnicima. U velikoj pećnici zagrijte maslinovo ulje na srednje jakoj vatri. Rebra začinite crnim paprom. Pecite rebra u serijama dok ne porumene sa svih strana, oko 5 minuta po seriji. Prebacite na veliki tanjur.

3. Dodajte luk, ljutiku, češnjak i jalapeño u lonac. Smanjite vatru na srednju, poklopite i kuhajte dok povrće ne omekša, povremeno miješajući, oko 10 minuta. Dodajte kavu i juhu; promiješajte, stružući zapržene komadiće. Dodajte paleo kečap, dijon senf i ocat. Zakuhati. Dodajte rebra. Pokrijte i prebacite u pećnicu. Kuhajte dok meso ne omekša, oko 2 sata i 15 minuta, lagano miješajući i premještajući rebra jednom ili dva puta.

4. Rebra prebaciti na tanjur; šator s folijom za grijanje. Žlicom odvojite masnoću s površine umaka. Kuhajte umak dok se ne smanji na 2 šalice, oko 5 minuta. Kašu od korijena celera podijelite na 6 tanjura; odozgo stavite rebarca i umak. Pospite gremolatom mandarine.

Kaša od korijena celera: U velikom loncu pomiješajte 3 kilograma korijena celera, oguljenog i narezanog na komade od 1 inča i 4 šalice juhe od pilećih kostiju (vidi<u>recept</u>) ili neslanu pileću juhu. Dovesti do vrenja;

smanjiti toplinu. Ocijedite korijen celera, sačuvajte juhu. Vratite korijen celera u lonac. Dodajte 1 žlicu maslinovog ulja i 2 žličice narezane svježe majčine dušice. Gnječilicom za krumpir zgnječite korijen celera, dodajući nekoliko žlica po nekoliko žlica, koliko je potrebno da postignete željenu gustoću.

Gremolata od mandarina: U maloj posudi pomiješajte ½ šalice nasjeckanog svježeg peršina, 2 žlice sitno nasjeckane kore mandarine i 2 režnja nasjeckanog češnjaka.

JUHA OD GOVEĐIH KOSTIJU

PRIPREMA: 25 minuta pečenja: 1 sat kuhanja: 8 sati čini: 8 do 10 šalica

OD KOŠČATIH VOLOVSKIH REPOVA DOBIVA SE JUHA IZNIMNO BOGATOG OKUSA KOJI SE MOŽE UPOTRIJEBITI U BILO KOJEM RECEPTU KOJI ZAHTIJEVA GOVEĐU JUHU—ILI JEDNOSTAVNO UŽIVATI KAO DODATAK U ŠALICI U BILO KOJE DOBA DANA. IAKO SU ZAPRAVO DOLAZILI OD VOLA, VOLOVSKI REPOVI SADA POTJEČU OD GOVEĐE ŽIVOTINJE.

5 mrkvi, grubo nasjeckanih

5 stabljika celera, grubo nasjeckanih

2 glavice žutog luka, neoguljene, prepolovljene

8 unci bijelih gljiva

1 glavica češnjaka, neoguljena, prepolovljena

2 funte kostiju od volovskog repa ili goveđih kostiju

2 rajčice

12 šalica hladne vode

3 lista lovora

1. Zagrijte pećnicu na 400°F. U veliki pleh s obrubom ili plitku tepsiju posložite mrkvu, celer, luk, gljive i češnjak; na povrće stavite kosti. U procesoru hrane izmiksajte rajčice dok ne postanu glatke. Rasporedite rajčice po kostima da se oblože (u redu je ako dio pirea kapne na tavu i povrće). Pecite 1 do 1½ sat ili dok kosti ne porumene, a povrće se karamelizira. Premjestite kosti i povrće u nizozemsku pećnicu ili temeljac od 10 do 12 litara. (Ako se dio smjese rajčice karamelizira na dnu posude, dodajte 1 šalicu vruće vode u posudu i ostružite sve komadiće. Prelijte tekućinu preko kostiju i povrća i smanjite količinu vode za 1 šalicu.) Dodajte hladnu vode i lovora.

2. Polako pustite da smjesa kuha na srednje jakoj do jakoj vatri. Smanjite toplinu; poklopite i kuhajte juhu na laganoj vatri 8 do 10 sati uz povremeno miješanje.

3. Procijediti juhu; odbacite kosti i povrće. Cool bujon; prebacite juhu u posude za skladištenje i stavite u hladnjak do 5 dana; zamrznuti do 3 mjeseca.*

Upute za sporo kuhanje: Za sporo kuhalo od 6 do 8 litara upotrijebite 1 funtu goveđih kostiju, 3 mrkve, 3 stabljike celera, 1 žuti luk i 1 glavicu češnjaka. Pasirajte 1 rajčicu i utrljajte je na kosti. Pecite prema uputama, a zatim prebacite kosti i povrće u sporo kuhalo. Ostružite svu karameliziranu rajčicu prema uputama i dodajte u sporo kuhalo. Dodajte dovoljno vode da prekrije. Poklopite i kuhajte na visokoj temperaturi dok juha ne zavrije, oko 4 sata. Smanjite temperaturu na nisku temperaturu; kuhati 12 do 24 sata. Procijedite juhu; odbacite kosti i povrće. Čuvati prema uputama.

*Savjet: Kako biste lakše skinuli masnoću s juhe, juhu čuvajte u poklopljenoj posudi u hladnjaku preko noći. Masnoća će se popeti do vrha i formirati čvrsti sloj koji se lako može sastrugati. Juha se može zgusnuti nakon hlađenja.

TUNISKA SVINJSKA LOPATICA NARIBANA ZAČINIMA SA ZAČINJENIM POMFRITOM OD SLATKOG KRUMPIRA

PRIPREMA: 25 minuta pečenja: 4 sata pečenja: 30 minuta čini: 4 porcije

OVO JE ODLIČNO JELO ZA NAPRAVITI HLADNOG JESENSKOG DANA. MESO SE SATIMA PEČE U PEĆNICI, ČINEĆI DA VAŠA KUĆA PREKRASNO MIRIŠE I OSTAVLJA VAM VREMENA ZA DRUGE STVARI. POMFRIT OD BATATA PEČEN U PEĆNICI NE POSTAJE HRSKAV NA ISTI NAČIN KAO BIJELI KRUMPIR, ALI JE UKUSAN NA SVOJ NAČIN, POSEBNO KAD SE UMOČI U MAJONEZU S ČEŠNJAKOM.

SVINJETINA

- 1 pečena svinjska lopatica od 2½ do 3 funte s kostima
- 2 žličice mljevene ancho čili papričice
- 2 žličice mljevenog kima
- 1 žličica sjemenki kima, lagano zdrobljenih
- 1 žličica mljevenog korijandera
- ½ žličice mljevene kurkume
- ¼ žličice mljevenog cimeta
- 3 žlice maslinovog ulja

POMFRIT

- 4 srednja slatka krumpira (oko 2 funte), oguljena i narezana na kriške debljine ½ inča
- ½ žličice mljevene crvene paprike
- ½ žličice luka u prahu
- ½ žličice češnjaka u prahu
- Maslinovo ulje
- 1 luk narezan na tanke ploške
- Paleo Aïoli (majoneza s češnjakom) (vidi recept)

1. Zagrijte pećnicu na 300°F. Odrežite masnoću s mesa. U maloj zdjeli pomiješajte mljevenu ancho čili papričicu, mljeveni kumin, sjemenke kima, korijander, kurkumu i cimet. Meso pospite mješavinom začina; prstima ravnomjerno utrljajte u meso.

2. U pećnici otpornoj na pećnicu od 5 do 6 litara zagrijte 1 žlicu maslinovog ulja na srednje jakoj vatri. Svinjetinu zapržiti sa svih strana na vrelom ulju. Pokrijte i pecite oko 4 sata ili dok ne omekša i termometar za meso ne zabilježi 190°F. Izvadite Dutch oven iz pećnice. Pustite da poklopljeno odstoji dok pripremate pomfrit od slatkog krumpira i luk, a 1 žlicu masti ostavite u pećnici.

3. Povećajte temperaturu pećnice na 400°F. Za pomfrit od batata, u velikoj zdjeli pomiješajte slatki krumpir, preostale 2 žlice maslinovog ulja, mljevenu crvenu papriku, luk u prahu i češnjak u prahu; baciti na kaput. Obložite jedan veliki ili dva manja pleha folijom; premažite dodatno maslinovim uljem. Posložite slatki krumpir u jednom sloju na pripremljeni lim(ove) za pečenje. Pecite oko 30 minuta ili dok ne omekša, okrećući slatki krumpir jednom na pola pečenja.

4. U međuvremenu izvadite meso iz holandske pećnice; pokriti folijom da ostane toplo. Ocijedite kaplje, uz 1 žlicu masti. Vratite sačuvanu masnoću u Dutch Pećnicu. Dodajte luk; kuhajte na srednjoj vatri oko 5 minuta ili dok ne omekša, povremeno miješajući.

5. Prebacite svinjetinu i luk na tanjur za posluživanje. Pomoću dvije vilice razvucite svinjetinu na velike komade. Uz Paleo Aïoli poslužite svinjetinu i krumpiriće.

KUBANSKA SVINJSKA LOPATICA NA ŽARU

PRIPREMA: 15 minuta mariniranja: 24 sata roštilja: 2 sata 30 minuta stajanja: 10 minuta čini: 6 do 8 porcija

POZNAT KAO "LECHON ASADO" U ZEMLJI PORIJEKLA, OVO SVINJSKO PEČENJE MARINIRA SE U KOMBINACIJI SVJEŽIH SOKOVA CITRUSA, ZAČINA, MLJEVENE CRVENE PAPRIKE I CIJELE GLAVICE MLJEVENOG ČEŠNJAKA. KUHANJE NA VRUĆEM UGLJENU NAKON ŠTO JE PREKO NOĆI NAMAKANO U MARINADI DAJE MU NEVJEROJATAN OKUS.

1 glavica češnjaka, odvojeni češnjevi, oguljeni i nasjeckani
1 šalica krupno nasjeckanog luka
1 šalica maslinovog ulja
1⅓ šalice svježeg soka od limete
⅔ šalice svježeg soka od naranče
1 žlica mljevenog kima
1 žlica sušenog origana, zdrobljenog
2 žličice svježe mljevenog crnog papra
1 žličica mljevene crvene paprike
1 pečena svinjska lopatica bez kostiju od 4 do 5 funti

1. Za marinadu razdvojite glavicu češnjaka na režnjeve. Ogulite i sameljite klinčiće; stavite u veliku zdjelu. Dodajte luk, maslinovo ulje, sok od limete, sok od naranče, kumin, origano, crni papar i mljevenu crvenu papriku. Dobro promiješajte i ostavite sa strane.

2. Nožem za otkoštavanje duboko izbodite svinjsko pečenje po cijeloj površini. Pažljivo spustite pečenje u marinadu, uronite ga što više u tekućinu. Zdjelu čvrsto pokrijte

plastičnom folijom. Marinirati u hladnjaku 24 sata, jednom okrenuti.

3. Izvadite svinjetinu iz marinade. Ulijte marinadu u srednju posudu. Dovesti do vrenja; kuhati 5 minuta. Maknite s vatre i ostavite da se ohladi. Staviti na stranu.

4. Za roštilj na drveni ugljen rasporedite srednje vruće ugljene oko posude za skupljanje tekućine. Testirajte na srednje jakoj vatri iznad posude. Stavite meso na rešetku roštilja iznad posude za skupljanje vode. Pokrijte i pecite na roštilju 2½ do 3 sata ili dok termometar s trenutnim očitanjem umetnut u središte pečenja ne zabilježi 140°F. (Za plinski roštilj, prethodno zagrijte roštilj. Smanjite toplinu na srednju. Podesite za neizravno kuhanje. Stavite meso na rešetku roštilja iznad plamenika koji je isključen. Pokrijte i pecite prema uputama.) Uklonite meso s roštilja. Labavo pokrijte folijom i ostavite stajati 10 minuta prije rezanja ili izvlačenja.

SVINJSKO PEČENJE NARIBANO TALIJANSKIM ZAČINIMA S POVRĆEM

PRIPREMA: 20 minuta pečenja: 2 sata 25 minuta stajanja: 10 minuta čini: 8 porcija

"SVJEZE JE NAJBOLJE" DOBRA JE MANTRASLIJEDITI KADA JE U PITANJU KUHANJE VECINU VREMENA. MEDUTIM, SUSENO BILJE JE VRLO DOBRO ZA UTRLJAVANJE MESA. KADA SE ZACINSKO BILJE OSUSI, NJIHOVI OKUSI SU KONCENTRIRANI. KADA DODU U DODIR S VLAGOM IZ MESA, OTPUSTAJU U NJEGA SVOJE AROME, KAO U OVOM PECENJU NA TALIJANSKI NACIN S OKUSOM PERSINA, KOMORACA, ORIGANA, CESNJAKA I LJUTE MLJEVENE CRVENE PAPRIKE.

- 2 žlice sušenog peršina, zdrobljenog
- 2 žlice zdrobljenih sjemenki komorača
- 4 žličice sušenog origana, zdrobljenog
- 1 žličica svježe mljevenog crnog papra
- ½ žličice mljevene crvene paprike
- 4 češnja češnjaka, nasjeckana
- 1 pečena svinjska lopatica od 4 funte s kostima
- 1 do 2 žlice maslinovog ulja
- 1¼ šalice vode
- 2 srednje glavice luka, oguljene i narezane na kriške
- 1 velika lukovica komorača, obrezana, bez jezgre i narezana na kriške
- 2 kilograma prokulica

1. Zagrijte pećnicu na 325°F. U maloj zdjeli pomiješajte peršin, sjemenke komorača, origano, crni papar, zgnječenu crvenu papriku i češnjak; Staviti na stranu. Svinjsko pečenje po potrebi odriješite. Odrežite masnoću s mesa. Natrljajte meso sa svih strana mješavinom začina. Po želji zavežite pečeno meso da se drži zajedno.

2. U holandskoj pećnici zagrijte ulje na srednje jakoj vatri. Na zagrijanom ulju popržiti meso sa svih strana. Ocijediti od masnoće. Ulijte vodu u pećnicu oko pečenja. Pecite, nepokriveno, 1 i pol sat. Oko svinjskog pečenja posložite luk i komorač. Poklopite i pecite još 30 minuta.

3. U međuvremenu odrežite stabljike prokulice i uklonite sve uvele vanjske listove. Prokulice prerežite na pola. Dodajte prokulice u Dutch pećnicu, posložite ih preko ostalog povrća. Poklopite i pecite još 30 do 35 minuta ili dok povrće i meso ne omekšaju. Prebacite meso na tanjur za posluživanje i prekrijte folijom. Ostavite stajati 15 minuta prije rezanja. Povrće prelijte sokom od tave za premazivanje. Pomoću šupljikave žlice izvadite povrće na tanjur za posluživanje ili zdjelu; poklopiti da ostane toplo.

4. Koristeći veliku žlicu, skinite masnoću sa soka iz tave. Preostali sok iz tave procijedite kroz sito. Narežite svinjetinu, izvadite kost. Poslužite meso s povrćem i sokom od tave.

SVINJSKA KRTICA U SPOROM KUHANJU

PRIPREMA:20 minuta sporog kuhanja: 8 do 10 sati (nisko) ili 4 do 5 sati (jako) čini: 8 porcija

S KUMINOM, KORIJANDEROM, ORIGANOM, RAJČICAMA, BADEMIMA, GROŽĐICAMA, ČILIJEM I ČOKOLADOM,OVAJ BOGATI I PIKANTNI UMAK IMA MNOGO TOGA—NA VRLO DOBAR NAČIN. TO JE IDEALAN OBROK ZA POČETAK UJUTRO PRIJE NEGO ŠTO KRENETE NA DAN. KAD DOĐETE KUĆI, VEČERA JE SKORO GOTOVA - A VAŠA KUĆA NEVJEROJATNO MIRIŠE.

- 1 pečena svinjska lopatica bez kostiju od 3 funte
- 1 šalica krupno nasjeckanog luka
- 3 češnja češnjaka, narezana na ploške
- 1½ šalice juhe od goveđih kostiju (vidi recept), Juha od pilećih kostiju (vidi recept), ili goveđu ili pileću juhu bez dodatka soli
- 1 žlica mljevenog kima
- 1 žlica mljevenog korijandera
- 2 žličice sušenog origana, zdrobljenog
- 1 limenka od 15 unci narezana na kockice rajčica bez dodane soli, ocijeđena
- 1 limenka od 6 unci paste od rajčice bez dodane soli
- ½ šalice narezanih badema, tostiranih (vidi Savjet)
- ¼ šalice nesumporiranih zlatnih grožđica ili ribiza
- 2 unce nezaslađene čokolade (kao što je Scharffen Berger 99% kakao pločica), grubo nasjeckane
- 1 sušena cijela ancho ili chipotle chile papričica
- 2 štapića cimeta od 4 inča
- ¼ šalice narezanog svježeg cilantra
- 1 avokado, oguljen, bez sjemenki i narezan na tanke ploške
- 1 limeta, izrezana na kriške
- ⅓ šalice tostiranih neslanih zelenih sjemenki bundeve (po izboru) (vidi Savjet)

1. Odrežite masnoću sa svinjskog pečenja. Ako je potrebno, izrežite meso tako da stane u sporo kuhalo od 5 do 6 litara; Staviti na stranu.

2. U laganom kuhalu pomiješajte luk i češnjak. U staklenoj mjernoj posudi od 2 šalice pomiješajte juhu od goveđih kostiju, kumin, korijander i origano; sipati u kuhalo. Pomiješajte rajčice narezane na kockice, pastu od rajčice, bademe, grožđice, čokoladu, sušenu čili papričicu i štapiće cimeta. Stavite meso u kuhalo. Žlicom dodajte malo mješavine rajčice po vrhu. Poklopite i kuhajte na niskoj temperaturi 8 do 10 sati ili na visokoj 4 do 5 sati ili dok svinjetina ne omekša.

3. Svinjetinu prebacite na dasku za rezanje; malo ohladite. Pomoću dvije vilice razdvojite meso na komadiće. Pokrijte meso folijom i ostavite sa strane.

4. Uklonite i bacite sušenu čili papričicu i štapiće cimeta. Velikom žlicom skinite masnoću sa smjese rajčice. Prebacite smjesu rajčice u blender ili procesor hrane. Pokrijte i izmiksajte ili obradite dok gotovo ne postane glatko. Vratite svinjetinu i umak u sporo kuhalo. Držite toplo na niskoj temperaturi do vremena posluživanja, do 2 sata.

5. Neposredno prije posluživanja umiješajte cilantro. Mole poslužite u zdjelicama i ukrasite ploškama avokada, kriškama limete i, po želji, bučinim sjemenkama.

GULAŠ OD SVINJETINE I TIKVICA ZAČINJEN KIMOM

PRIPREMA: 30 minuta kuhanja: 1 sat čini: 4 porcije

PAPRENO ZELENO SENF I BUTTERNUT TIKVADODAJTE ŽIVOPISNU BOJU I CIJELI NIZ VITAMINA—KAO I VLAKNA I FOLNU KISELINU—OVOM VARIVU ZAČINJENOM ISTOČNOEUROPSKIM OKUSIMA.

- 1 pečena svinjska lopatica od 1¼ do 1½ funte
- 1 žlica paprike
- 1 žlica sjemenki kima, sitno zdrobljenih
- 2 žličice suhe gorušice
- ¼ žličice kajenskog papra
- 2 žlice rafiniranog kokosovog ulja
- 8 unci svježih šampinjona, tanko narezanih
- 2 stabljike celera, poprečno izrezane na ploške od 1 inča
- 1 manji crveni luk, narezan na tanke kolutove
- 6 češnja češnjaka, nasjeckanog
- 5 šalica juhe od pileće kosti (vidi recept) ili pileća juha bez dodatka soli
- 2 šalice oguljene butternut tikve narezane na kockice
- 3 šalice grubo nasjeckanog, obrezanog zelja senfa ili zelenog kupusa
- 2 žlice narezane svježe kadulje
- ¼ šalice svježeg soka od limuna

1. Odrežite masnoću sa svinjetine. Narežite svinjetinu na kockice od 1½ inča; stavite u veliku zdjelu. U maloj posudi pomiješajte papriku, sjemenke kima, suhi senf i kajenski papar. Pospite preko svinjetine, bacajući da se ravnomjerno prekrije.

2. U nizozemskoj pećnici od 4 do 5 litara zagrijte kokosovo ulje na srednje jakoj vatri. Dodajte polovicu mesa; kuhati dok

ne porumeni uz povremeno miješanje. Izvadite meso iz tave. Ponovite s preostalim mesom. Ostavite meso sa strane.

3. Dodajte gljive, celer, crveni luk i češnjak u Dutch Pećnicu. Kuhajte 5 minuta uz povremeno miješanje. Vratite meso u Dutch pećnicu. Pažljivo dodajte juhu od pilećih kostiju. Dovesti do vrenja; smanjiti toplinu. Poklopite i pirjajte 45 minuta. Umiješajte tikvu. Poklopite i pirjajte još 10 do 15 minuta ili dok svinjetina i tikva ne omekšaju. Umiješajte zelje gorušice i kadulju. Kuhajte 2 do 3 minute ili dok zelje ne omekša. Umiješajte limunov sok.

VOĆEM PUNJENO PEČENJE OD LUNGIĆA S UMAKOM OD RAKIJE

PRIPREMA:30 minuta kuhanja: 10 minuta pečenja: 1 sat 15 minuta stajanja: 15 minuta
čini: 8 do 10 porcija

OVO ELEGANTNO PEČENJE SAVRŠENO JE ZAPOSEBNU PRIGODU ILI OBITELJSKO OKUPLJANJE—OSOBITO U JESEN. NJEGOVI OKUSI - JABUKE, MUŠKATNI ORAŠČIĆ, SUŠENO VOĆE I PEKAN ORASI - HVATAJU BIT TE SEZONE. POSLUŽITE UZ PIRE OD BATATA I SALATU OD BOROVNICA I PEČENOG KELJA (VIDI RECEPT).

PEČENJE

- 1 žlica maslinovog ulja
- 2 šalice nasjeckanih, oguljenih Granny Smith jabuka (oko 2 srednje)
- 1 ljutika, sitno nasjeckana
- 1 žlica nasjeckanog svježeg timijana
- ¾ žličice svježe mljevenog crnog papra
- ⅛ žličice mljevenog muškatnog oraščića
- ½ šalice narezanih nesumporiranih suhih marelica
- ¼ šalice nasjeckanih pekan oraha, tostiranih (vidi Savjet)
- 1 šalica juhe od pileće kosti (vidi recept) ili pileća juha bez dodatka soli
- 1 otkošteni svinjski lungić od 3 funte (jedan hrbat)

UMAK OD RAKIJE

- 2 žlice jabučnog cidera
- 2 žlice rakije
- 1 žličica Dijon senfa (vidi recept)
- Svježe mljeveni crni papar

1. Za nadjev, u velikoj tavi zagrijte maslinovo ulje na srednje jakoj vatri. Dodajte jabuke, ljutiku, majčinu dušicu, ¼ žličice papra i muškatni oraščić; kuhajte 2 do 4 minute ili dok jabuke i ljutika ne omekšaju i porumene, povremeno

miješajući. Umiješajte marelice, pekan orahe i 1 žlicu juhe. Kuhajte bez poklopca 1 minutu da marelice omekšaju. Maknite s vatre i ostavite sa strane.

2. Zagrijte pećnicu na 325°F. Zarežite svinjsko pečenje uzdužnim rezom u središtu pečenja, rezanjem do pola inča od druge strane. Raširite pečenje. Postavite nož u V rez, okrenut vodoravno prema jednoj strani V i odrežite do ½ inča od strane. Ponovite s druge strane V. Raširite pečenje i pokrijte plastičnom folijom. Radeći od sredine prema rubovima, pecite batićem za meso dok ne postane debljine otprilike ¾ inča. Uklonite i bacite plastičnu foliju. Nadjev premažite po vrhu pečenog. Počevši od kraće strane, zarolajte pečeno u spiralu. Zavežite 100%-tnim pamučnim kuhinjskim koncem na nekoliko mjesta kako biste držali pečenje zajedno. Pečeno pospite s preostalom ½ žličice papra.

3. Pečeno stavite na rešetku u plitku posudu za pečenje. Umetnite termometar za pečenje u sredinu pečenja (ne u nadjev). Pecite, nepokriveno, 1 sat i 15 minuta do 1 sat i 30 minuta ili dok termometar ne zabilježi 145°F. Izvadite pečenje i labavo pokrijte folijom; ostavite stajati 15 minuta prije rezanja.

4. U međuvremenu, za Brandy umak, pomiješajte preostalu juhu i jabukovaču u tavi, miješajući da ostružete posmeđene komadiće. Procijedite ostatke u srednju posudu za umake. Dovesti do vrenja; kuhajte oko 4 minute ili dok se umak ne reducira za jednu trećinu. Umiješajte brandy i senf Dijon. Začinite po želji s dodatnim paprom. Uz svinjsko pečenje poslužite umak.

SVINJSKO PEČENJE NA PORCHETTA NAČIN

PRIPREMA:15 minuta mariniranja: stajati preko noći: 40 minuta pečenja: 1 sat čini: 6 porcija

TRADICIONALNA TALIJANSKA PORCHETTA(PONEKAD NAPISANO PORKETTA NA AMERIČKOM ENGLESKOM) JE ODOJAK BEZ KOSTIJU PUNJEN ČEŠNJAKOM, KOMORAČEM, PAPROM I BILJEM POPUT KADULJE ILI RUŽMARINA, ZATIM STAVLJEN NA RAŽANJ I PEČEN NA DRVU. TAKOĐER JE OBIČNO JAKO SOLJENO. OVA PALEO VERZIJA JE POJEDNOSTAVLJENA I JAKO UKUSNA. ZAMIJENITE KADULJU SVJEŽIM RUŽMARINOM, AKO ŽELITE, ILI UPOTRIJEBITE MJEŠAVINU DVIJU BILJAKA.

- 1 pečeni lungić bez kostiju od 2 do 3 funte
- 2 žlice sjemenki komorača
- 1 žličica crnog papra u zrnu
- ½ žličice mljevene crvene paprike
- 6 češnja češnjaka, nasjeckanog
- 1 žlica sitno naribane narančine kore
- 1 žlica narezane svježe kadulje
- 3 žlice maslinovog ulja
- ½ šalice suhog bijelog vina
- ½ šalice juhe od pileće kosti (vidi recept) ili pileća juha bez dodatka soli

1. Svinjsko pečenje izvaditi iz hladnjaka; ostavite da stoji na sobnoj temperaturi 30 minuta. U međuvremenu, u maloj tavi tostirajte sjemenke komorača na srednjoj vatri, često miješajući, oko 3 minute ili dok ne poprime tamnu boju i mirise; cool. Prebacite u mlin za začine ili u čisti mlin za kavu. Dodajte papar u zrnu i mljevenu crvenu papriku.

Samljeti do srednje fine konzistencije. (Nemojte samljeti u prah.)

2. Zagrijte pećnicu na 325°F. U maloj zdjeli pomiješajte mljevene začine, češnjak, koricu naranče, kadulju i maslinovo ulje da napravite pastu. Stavite svinjsko pečenje na rešetku u manju posudu za pečenje. Smjesom utrljajte svinjetinu. (Ako želite, stavite začinjenu svinjetinu u staklenu posudu za pečenje 9 × 13 × 2 inča. Pokrijte plastičnom folijom i ostavite u hladnjaku preko noći da se marinira. Prebacite meso u posudu za pečenje prije pečenja i ostavite da stoji na sobnoj temperaturi 30 minuta prije kuhanja.)

3. Pecite svinjetinu 1 do 1½ sat ili dok termometar s trenutnim očitanjem umetnut u središte pečenja ne zabilježi 145°F. Prebacite pečenje na dasku za rezanje i labavo pokrijte folijom. Ostavite da odstoji 10 do 15 minuta prije rezanja.

4. U međuvremenu, ulijte sok od tave u staklenu mjernu posudu. Skinite masnoću s vrha; Staviti na stranu. Stavite posudu za pečenje na plamenik ploče štednjaka. U tavu ulijte vino i juhu od pilećih kostiju. Pustite da zavrije na srednje jakoj vatri, miješajući da se ostružu svi zapečeni komadići. Kuhajte oko 4 minute ili dok se smjesa malo ne reducira. Umutiti u soku ostavljenom za tavu; naprezanje. Narežite svinjetinu i poslužite s umakom.

TOMATILLO-PIRJANI SVINJSKI LUNGIĆ

PRIPREMA:40 minuta pečenja: 10 minuta kuhanja: 20 minuta pečenja: 40 minuta stajanja: 10 minuta čini: 6 do 8 porcija

TOMATILLOS IMA LJEPLJIV, SOČAN PREMAZISPOD NJIHOVE PAPIRNATE KOŽE. NAKON ŠTO UKLONITE KORE, BRZO IH ISPERITE POD MLAZOM VODE I SPREMNI SU ZA UPOTREBU.

1 funta tomatillosa, oljuštenih, očišćenih od peteljki i ispranih
4 serrano čilija, bez peteljki, sjemenki i prepolovljenih (vidi Savjet)
2 jalapeñosa, bez peteljki, sjemenki i prepolovljenih (vidi Savjet)
1 velika žuta slatka paprika, očišćena od peteljki, sjemenki i prepolovljena
1 velika narančasta slatka paprika, bez peteljke, sjemenki i prepolovljena
2 žlice maslinovog ulja
1 pečeni svinjski lungić bez kostiju od 2 do 2½ funte
1 veliki žuti luk, oguljen, prepolovljen i narezan na tanke ploške
4 češnja češnjaka, nasjeckana
¾ šalice vode
¼ šalice svježeg soka od limete
¼ šalice narezanog svježeg cilantra

1. Prethodno zagrijte brojlere na visoku temperaturu. Lim za pečenje obložite folijom. Rasporedite rajčice, serrano chiles, jalapeños i slatke paprike na pripremljeni lim za pečenje. Pecite povrće 4 inča od topline dok se dobro ne zapeče, povremeno okrećući tomatillos i uklanjajući povrće kada zagori, oko 10 do 15 minuta. Stavite serranos, jalapeños i tomatillos u zdjelu. Slatke paprike stavite na tanjur. Ostavite povrće sa strane da se ohladi.

2. U velikoj tavi zagrijte ulje na srednje jakoj vatri dok ne zasvjetluca. Svinjsko pečenje osušite čistim papirnatim ručnicima i dodajte u tavu. Pecite dok dobro ne porumeni sa svih strana, okrećući pečenje da ravnomjerno

porumeni. Prebacite pečenje na pladanj. Smanjite vatru na srednju. Dodajte luk u tavu; kuhajte i miješajte 5 do 6 minuta ili dok ne porumeni. Dodajte češnjak; kuhajte još 1 minutu. Uklonite tavu s vatre.

3. Zagrijte pećnicu na 350°F. Za umak od rajčica, u procesoru hrane ili blenderu pomiješajte rajčice, serranos i jalapeños. Pokrijte i pomiješajte ili obradite dok ne postane glatko; dodajte luku u tavi. Vratite tavu na vatru. Dovesti do vrenja; kuhajte 4 do 5 minuta ili dok smjesa ne postane tamna i gusta. Umiješajte vodu, sok limete i cilantro.

4. Raširite tomatillo umak u plitku posudu za pečenje ili pravokutnu posudu za pečenje od 3 litre. U umak stavite svinjsko pečenje. Čvrsto pokrijte folijom. Pecite 40 do 45 minuta ili dok termometar s trenutnim očitanjem umetnut u sredinu pečenja ne pokaže 140°F.

5. Slatku papriku narežite na trakice. Umiješajte u tomatillo umak u tavi. Šator labavo s folijom; neka odstoji 10 minuta. Narežite meso; promiješati umak. Poslužite narezanu svinjetinu obilno prelivenu tomatillo umakom.

SVINJSKI FILE PUNJEN MARELICAMA

PRIPREMA:20 minuta pečenja: 45 minuta stajanja: 5 minuta čini: 2 do 3 porcije

- 2 srednje svježe marelice, grubo nasjeckane
- 2 žlice nesumporiranih grožđica
- 2 žlice nasjeckanih oraha
- 2 žličice naribanog svježeg đumbira
- ¼ žličice mljevenog kardamoma
- 1 svinjski file od 12 unci
- 1 žlica maslinovog ulja
- 1 žlica Dijon senfa (vidi<u>recept</u>)
- ¼ žličice crnog papra

1. Zagrijte pećnicu na 375°F. Lim za pečenje obložite folijom; stavite rešetku za pečenje na lim za pečenje.

2. U maloj posudi pomiješajte marelice, grožđice, orahe, đumbir i kardamom.

3. Napravite uzdužni rez u sredini svinjskog mesa, zarežite do pola inča od druge strane. Leptir ga otvori. Stavite svinjetinu između dva sloja plastične folije. Koristeći ravnu stranu čekića za meso, lagano istucite meso do debljine oko ⅓ inča. Presavijte rep kako biste napravili ravnomjeran pravokutnik. Lagano istucite meso da dobijete jednaku debljinu.

4. Smjesu od marelica rasporedite po svinjetini. Počevši od užeg kraja, smotajte svinjetinu. Zavežite kuhinjskom uzicom od 100% pamuka, prvo u sredini, zatim u razmacima od 1 inča. Stavite pečenje na rešetku.

5. Pomiješajte maslinovo ulje i Dijon senf; kistom premažite pečeno. Pečeno pospite paprom. Pecite 45 do 55 minuta ili

dok termometar s trenutnim očitanjem umetnut u središte pečenja ne zabilježi 140°F. Pustite da odstoji 5 do 10 minuta prije rezanja.

SVINJSKI FILE S KOROM OD ZAČINSKOG BILJA I HRSKAVIM ULJEM OD ČEŠNJAKA

PRIPREMA:15 minuta pečenja: 30 minuta kuhanja: 8 minuta stajanja: 5 minuta čini: 6 porcija

⅓ šalice Dijon senfa (vidi<u>recept</u>)
¼ šalice nasjeckanog svježeg peršina
2 žlice nasjeckanog svježeg timijana
1 žlica nasjeckanog svježeg ružmarina
½ žličice crnog papra
2 svinjske filete od 12 unci
½ šalice maslinovog ulja
¼ šalice nasjeckanog svježeg češnjaka
¼ do 1 žličice mljevene crvene paprike

1. Zagrijte pećnicu na 450°F. Lim za pečenje obložite folijom; stavite rešetku za pečenje na lim za pečenje.

2. U maloj posudi pomiješajte senf, peršin, majčinu dušicu, ružmarin i crni papar da napravite pastu. Rasporedite mješavinu gorušice i začinskog bilja po vrhu i sa strane svinjetine. Prebacite svinjetinu na rešetku za pečenje. Stavite pečenje u pećnicu; smanjite temperaturu na 375°F. Pecite 30 do 35 minuta ili dok termometar s trenutnim očitanjem umetnut u središte pečenja ne zabilježi 140°F. Pustite da odstoji 5 do 10 minuta prije rezanja.

3. U međuvremenu, za ulje od češnjaka, u malom loncu pomiješajte maslinovo ulje i češnjak. Kuhajte na srednje niskoj vatri 8 do 10 minuta ili dok češnjak ne porumeni i ne počne hrskati (ne dopustite da češnjak zagori). Maknite s vatre; umiješajte tucanu crvenu papriku. Narezati

svinjetinu; žlicom ulja od češnjaka preko kriški prije posluživanja.

SVINJETINA S INDIJSKIM ZAČINIMA I UMAKOM OD KOKOSA

POČETAK DO KRAJA: 20 minuta čini: 2 porcije

3 žličice curry praha
2 žličice garam masale bez soli
1 žličica mljevenog kima
1 žličica mljevenog korijandera
1 svinjski file od 12 unci
1 žlica maslinovog ulja
½ šalice prirodnog kokosovog mlijeka (kao što je brend Nature's Way)
¼ šalice narezanog svježeg cilantra
2 žlice narezane svježe metvice

1. U maloj posudi pomiješajte 2 žličice curry praha, garam masale, kumina i korijandera. Narežite svinjetinu na kriške debljine ½ inča; pospite začinima. .

2. U velikoj tavi zagrijte maslinovo ulje na srednje jakoj vatri. Dodajte svinjske kriške u tavu; kuhajte 7 minuta, okrećući jednom. Izvadite svinjetinu iz tave; poklopiti da ostane toplo. Za umak dodajte kokosovo mlijeko i preostalu 1 žličicu curry praha u tavu, miješajući kako biste ostrugali sve komadiće. Pirjajte 2 do 3 minute. Umiješajte cilantro i metvicu. Dodajte svinjetinu; kuhajte dok se ne zagrije, žlicom prelijevajući umak preko svinjetine.

SVINJSKI SCALOPPINI SA ZAČINJENIM JABUKAMA I KESTENIMA

PRIPREMA:20 minuta kuhanja: 15 minuta čini: 4 porcije

- 2 svinjske filete od 12 unci
- 1 žlica luka u prahu
- 1 žlica češnjaka u prahu
- ½ žličice crnog papra
- 2 do 4 žlice maslinova ulja
- 2 jabuke Fuji ili Pink Lady, oguljene, bez koštice i grubo nasjeckane
- ¼ šalice sitno nasjeckane ljutike
- ¾ žličice mljevenog cimeta
- ⅛ žličice mljevenog klinčića
- ⅛ žličice mljevenog muškatnog oraščića
- ½ šalice juhe od pileće kosti (vidi recept) ili pileća juha bez dodavanja soli
- 2 žlice svježeg soka od limuna
- ½ šalice oguljenih pečenih kestena, nasjeckanih* ili nasjeckanih pekan oraha
- 1 žlica narezane svježe kadulje

1. Narežite pečenice na koso na ploške debljine ½ inča. Stavite svinjske kriške između dvije plastične folije. Koristeći ravnu stranu bata za meso, istucite dok ne postane tanko. Pospite kriške lukom u prahu, češnjakom u prahu i crnim paprom.

2. U velikoj tavi zagrijte 2 žlice maslinovog ulja na srednje jakoj vatri. Pecite svinjetinu, u serijama, 3 do 4 minute, okrećući jednom i dodajući ulje ako je potrebno. Prebacite svinjetinu na tanjur; poklopiti i držati na toplom.

3. Pojačajte vatru na srednje jaku. Dodajte jabuke, ljutiku, cimet, klinčiće i muškatni oraščić. Kuhajte i miješajte 3 minute. Umiješajte juhu od pilećih kostiju i limunov sok.

Poklopite i kuhajte 5 minuta. Maknite s vatre; umiješajte kestene i kadulju. Poslužite mješavinu jabuka preko svinjetine.

*Napomena: Za pečenje kestena zagrijte pećnicu na 400°F. Izrežite X na jednoj strani ljuske kestena. Ovo će omogućiti da se ljuska opusti tijekom kuhanja. Stavite kestene na posudu za pečenje i pecite ih 30 minuta ili dok se ljuska ne odvoji od oraha i orasi ne omekšaju. Pečene kestene zamotajte u čistu kuhinjsku krpu. Ogulite ljuske i kožu sa žuto-bijelog oraha.

SVINJSKA FAJITA STIR-FRY

PRIPREMA: 20 minuta kuhanja: 22 minute čini: 4 porcije

1 funta svinjskog fileta, izrezanog na trake od 2 inča
3 žlice začina fajita bez soli ili meksičkog začina (vidi recept)
2 žlice maslinovog ulja
1 manja glavica luka, tanko narezana
½ crvene slatke paprike očišćene od sjemenki i tanko narezane
½ narančaste slatke paprike, očišćene od sjemenki i tanko narezane
1 jalapeño, bez peteljki i tanko narezan (vidi Savjet) (izborno)
½ žličice sjemenki kumina
1 šalica tanko narezanih svježih gljiva
3 žlice svježeg soka od limete
½ šalice narezanog svježeg cilantra
1 avokado, oguljen i narezan na kockice
Željena salsa (vidi Recepti)

1. Pospite svinjetinu s 2 žlice začina za fajitu. U posebno velikoj tavi zagrijte 1 žlicu ulja na srednje jakoj vatri. Dodajte pola svinjskog mesa; kuhajte i miješajte oko 5 minuta ili dok više ne bude ružičasta. Prebacite meso u zdjelu i pokrijte da ostane toplo. Ponovite s preostalim uljem i svinjetinom.

2. Uključite vatru na srednju. Dodajte preostalu 1 žlicu začina za fajitu, luk, slatku papriku, jalapeño i kumin. Kuhajte i miješajte oko 10 minuta ili dok povrće ne omekša. Svo meso i nakupljeni sok vratite u tavu. Umiješajte gljive i sok od limete. Kuhajte dok se ne zagrije. Uklonite tavu s vatre; umiješajte cilantro. Poslužite uz avokado i salsu po želji.

SVINJSKI FILE S PORTOM I SUHIM ŠLJIVAMA

PRIPREMA: 10 minuta pečenja: 12 minuta stajanja: 5 minuta čini: 4 porcije

PORTO JE POJAČANO VINO, ŠTO ZNAČI DA MU SE DODAJE ALKOHOL SLIČAN RAKIJI KAKO BI SE ZAUSTAVIO PROCES FERMENTACIJE. TO ZNAČI DA U NJEMU IMA VIŠE OSTATKA ŠEĆERA NEGO U CRVENOM STOLNOM VINU I SAMIM TIME IMA SLAĐI OKUS. NIJE NEŠTO ŠTO ŽELITE PITI SVAKI DAN, ALI MALO KORIŠTENO U KUHANJU S VREMENA NA VRIJEME JE U REDU.

2 svinjske filete od 12 unci
2½ žličice mljevenog korijandera
¼ žličice crnog papra
2 žlice maslinovog ulja
1 ljutika, narezana na ploške
½ šalice porto vina
½ šalice juhe od pileće kosti (vidi recept) ili pileća juha bez dodatka soli
20 očišćenih suhih šljiva bez sumpora
½ žličice mljevene crvene paprike
2 žličice nasjeckanog svježeg estragona

1. Zagrijte pećnicu na 400°F. Svinjetinu pospite s 2 žličice korijandera i crnim paprom.

2. U velikoj tavi otpornoj na pećnicu zagrijte maslinovo ulje na srednje jakoj vatri. Dodajte filete u tavu. Pecite dok ne porumene sa svih strana, ravnomjerno porumene, oko 8 minuta. Stavite tavu u pećnicu. Pecite bez poklopca oko 12 minuta ili dok termometar s trenutnim očitanjem umetnut u središte pečenja ne zabilježi 140°F. Prebacite pečenice

na dasku za rezanje. Lagano pokrijte aluminijskom folijom i ostavite stajati 5 minuta.

3. U međuvremenu, za umak, ocijedite masnoću iz tave, ostavite 1 žlicu. Kuhajte ljutiku u odvojenim ostatcima u tavi na srednjoj vatri oko 3 minute ili dok ne porumeni i ne omekša. Dodajte port u tavu. Pustite da zavrije, miješajući kako biste ostrugali sve posmeđene komadiće. Dodajte juhu od pilećih kostiju, suhe šljive, mljevenu crvenu papriku i preostalih ½ žličice korijandera. Kuhajte na srednje jakoj vatri da se malo reducira, oko 1 do 2 minute. Umiješajte estragon.

4. Svinjetinu narežite i poslužite sa suhim šljivama i umakom.

SVINJETINA U STILU MOO SHU U ŠALICAMA ZELENE SALATE S BRZO UKISELJENIM POVRĆEM

POČETAK DO KRAJA: 45 minuta čini: 4 porcije

AKO STE JELI TRADICIONALNO MOO SHU JELO U KINESKOM RESTORANU ZNATE DA JE TO SLANI NADJEV OD MESA I POVRĆA KOJI SE JEDE U TANKIM PALAČINKAMA SA SLATKIM UMAKOM OD ŠLJIVA ILI HOISIN. OVA LAGANIJA I SVJEŽIJA PALEO VERZIJA SADRŽI SVINJETINU, KINESKI KUPUS I SHIITAKE GLJIVE PRŽENE U ĐUMBIRU I ČEŠNJAKU I UŽIVA SE U ZAMOTULJCIMA OD ZELENE SALATE S HRSKAVIM UKISELJENIM POVRĆEM.

UKISELJENO POVRĆE

1 šalica mrkve narezane na julienne

1 šalica daikon rotkvice izrezane na julienne

¼ šalice nasjeckanog crvenog luka

1 šalica nezaslađenog soka od jabuke

½ šalice jabukovače octa

SVINJETINA

2 žlice maslinovog ulja ili rafiniranog kokosovog ulja

3 jaja, lagano tučena

8 unci svinjskog lungića, izrezanog na trake od 2×½ inča

2 žličice mljevenog svježeg đumbira

4 češnja češnjaka, nasjeckana

2 šalice tanko narezanog napa kupusa

1 šalica tanko narezanih shiitake gljiva

¼ šalice tanko narezanog mladog luka

8 listova bostonske salate

1. Za brzo ukiseljeno povrće, u velikoj zdjeli pomiješajte mrkvu, daikon i luk. Za salamuru, u loncu zagrijte jabučni sok i ocat dok se ne digne para. Prelijte rasol preko povrća u zdjeli; poklopite i ohladite do posluživanja.

2. U velikoj tavi zagrijte 1 žlicu ulja na srednje jakoj vatri. Pjenjačom lagano umutiti jaja. Dodajte jaja u tavu; kuhajte, bez miješanja, dok ne slegne na dno, oko 3 minute. Savitljivom lopaticom pažljivo preokrenite jaje i pecite s druge strane. Gurnite jaje iz tave na pladanj.

3. Vratiti serpu da se zagrije; dodajte preostalu 1 žlicu ulja. Dodajte svinjske trakice, đumbir i češnjak. Kuhajte i miješajte na srednje jakoj vatri oko 4 minute ili dok svinjetina više ne bude ružičasta. Dodajte kupus i gljive; kuhajte i miješajte oko 4 minute ili dok kupus ne uvene, gljive omekšaju i svinjetina se skuha. Uklonite tavu s vatre. Kuhano jaje narežite na trakice. Nježno umiješajte trakice jaja i mladi luk u smjesu svinjetine. Poslužite u listovima zelene salate i nadjenite ukiseljenim povrćem.

SVINJSKI KOTLETI S MAKADAMIJOM, KADULJOM, SMOKVAMA I PIREOM OD SLATKOG KRUMPIRA

PRIPREMA:15 minuta kuhanja: 25 minuta čini: 4 porcije

U KOMBINACIJI S PIREOM OD SLATKOG KRUMPIRA,OVI SOČNI KOTLETI S VRHOM KADULJE SAVRŠEN SU JESENSKI OBROK—I TO ONAJ KOJI SE BRZO SPREMA, ŠTO GA ČINI SAVRŠENIM ZA NAPORNU RADNU VEČER.

4 svinjska kotleta bez kostiju, izrezana na 1¼ inča debljine
3 žlice narezane svježe kadulje
¼ žličice crnog papra
3 žlice ulja oraha makadamije
2 funte slatkog krumpira, oguljenog i narezanog na komade od 1 inča
¾ šalice nasjeckanih oraha makadamije
½ šalice nasjeckanih suhih smokava
⅓ šalice juhe od goveđih kostiju (vidi recept) ili goveđu juhu bez dodatka soli
1 žlica svježeg soka od limuna

1. Svinjske kotlete s obje strane pospite s 2 žlice kadulje i paprom; utrljajte prstima. U velikoj tavi zagrijte 2 žlice ulja na srednje jakoj vatri. Dodajte kotlete u tavu; kuhajte 15 do 20 minuta ili dok ne bude gotovo (145°F), okrećući jednom na pola kuhanja. Prebacite kotlete na tanjur; poklopiti da ostane toplo.

2. U međuvremenu, u velikom loncu pomiješajte slatki krumpir i dovoljno vode da pokrije. Dovesti do vrenja; smanjiti toplinu. Poklopite i pirjajte 10 do 15 minuta ili dok krumpir ne omekša. Ocijedite krumpir. Preostalu žlicu

ulja makadamije dodajte krumpiru i zgnječite dok ne postane kremast; držati na toplom.

3. Za umak u tavu dodajte makadamije orahe; kuhajte na srednjoj vatri samo dok se ne prepeče. Dodajte suhe smokve i preostalu 1 žlicu kadulje; kuhajte 30 sekundi. Dodajte juhu od goveđih kostiju i sok od limuna u tavu, miješajući da ostružete sve zapečene komadiće. Svinjske kotlete prelijte umakom i poslužite s pireom od batata.

SVINJSKI KOTLETI OD RUŽMARINA I LAVANDE PEČENI NA TAVI S GROŽĐEM I PRŽENIM ORASIMA

PRIPREMA: 10 minuta kuhanja: 6 minuta pečenja: 25 minuta čini: 4 porcije

PEČENJE GROŽĐA ZAJEDNO SA SVINJSKIM KOTLETIMA POJAČAVA NJIHOV OKUS I SLATKOĆU. ZAJEDNO S HRSKAVIM PRŽENIM ORASIMA I POSIPOM SVJEŽEG RUŽMARINA, ČINE PREKRASAN PRELJEV ZA OVE IZDAŠNE KOTLETE.

2 žlice nasjeckanog svježeg ružmarina
1 žlica narezane svježe lavande
½ žličice češnjaka u prahu
½ žličice crnog papra
4 svinjska kotleta, izrezana debljine 1¼ inča (oko 3 funte)
1 žlica maslinovog ulja
1 velika ljutika, tanko narezana
1½ šalice crvenog i/ili zelenog grožđa bez sjemenki
½ šalice suhog bijelog vina
¾ šalice krupno nasjeckanih oraha
Narezani svježi ružmarin

1. Zagrijte pećnicu na 375°F. U maloj posudi pomiješajte 2 žlice ružmarina, lavandu, češnjak u prahu i papar. Mješavinu začinskog bilja ravnomjerno utrljajte u svinjske kotlete. U posebno velikoj tavi otpornoj na pećnicu zagrijte maslinovo ulje na srednje jakoj vatri. Dodajte kotlete u tavu; kuhajte 6 do 8 minuta ili dok ne porumene s obje strane. Prebacite kotlete na tanjur; prekrijte folijom.

2. Dodajte ljutiku u tavu. Kuhajte i miješajte na srednjoj vatri 1 minutu. Dodajte grožđe i vino. Kuhajte još oko 2 minute,

miješajući kako biste ostrugali sve posmeđene komadiće. Vratite svinjske kotlete u tavu. Stavite tavu u pećnicu; pecite 25 do 30 minuta ili dok kotleti nisu gotovi (145°F).

3. Za to vrijeme u plitku tepsiju rasporedite orahe. Dodati u pećnicu sa kotletima. Pecite oko 8 minuta ili dok ne bude tostirano, jednom promiješajte da se ravnomjerno tostira.

4. Za posluživanje, svinjske kotlete pospite grožđem i prženim orasima. Dodatno pospite svježim ružmarinom.

SVINJSKI KOTLETI ALLA FIORENTINA S BROKULOM NA ŽARU

PRIPREMA:20 minuta roštilja: 20 minuta mariniranja: 3 minute čini: 4 porcijeFOTOGRAFIJA

"ALLA FIORENTINA"U BITI ZNAČI "U STILU FIRENCE". OVAJ JE RECEPT OBLIKOVAN PREMA BISTECCA ALLA FIORENTINA, TOSKANSKOJ T-KOSTI PEČENOJ NA DRVENOJ VATRI S NAJJEDNOSTAVNIJIM AROMAMA—OBIČNO SAMO MASLINOVIM ULJEM, SOLI, CRNIM PAPROM I MALO SVJEŽEG LIMUNA ZA KRAJ.

1 funta rabe brokule

1 žlica maslinovog ulja

4 svinjska kotleta od 6 do 8 unci s kostima, izrezana 1½ do 2 inča debljine

Crni krupno mljeveni papar

1 limun

4 češnja češnjaka, tanko narezana

2 žlice nasjeckanog svježeg ružmarina

6 svježih listova kadulje, nasjeckanih

1 žličica mljevene crvene paprike (ili po ukusu)

½ šalice maslinovog ulja

1. U velikom loncu blanširajte brokulu u kipućoj vodi 1 minutu. Odmah prebacite u posudu s ledenom vodom. Kad se ohladi, ocijedite brokulu na limu za pečenje obloženom papirnatim ručnikom, upijajući ga što je moguće više suhim dodatnim papirnatim ručnicima. Uklonite papirnate ručnike s lima za pečenje. Pokapajte brokulu rabe s 1 žlicom maslinovog ulja, bacite na kaput; ostavite sa strane dok ne budete spremni za roštilj.

2. Svinjske kotlete s obje strane pospite krupno mljevenim paprom; Staviti na stranu. Gulilicom za povrće uklonite

trakice kore s limuna (limun sačuvajte za drugu upotrebu). Na veliki pladanj za posluživanje rasporedite trakice limunove kore, narezani češnjak, ružmarin, kadulju i mljevenu crvenu papriku; Staviti na stranu.

3. Za roštilj na drveni ugljen premjestite većinu vrućeg ugljena na jednu stranu roštilja, ostavljajući malo ugljena ispod druge strane roštilja. Pržite kotlete izravno na vrućem ugljenu 2 do 3 minute ili dok se ne stvori smeđa korica. Okrenite kotlete i pržite s druge strane još 2 minute. Premjestite kotlete na drugu stranu roštilja. Pokrijte i pecite na roštilju 10 do 15 minuta ili dok ne bude gotovo (145°F). (Za plinski roštilj, prethodno zagrijte roštilj; smanjite toplinu na jednoj strani roštilja na srednju. Pecite kotlete prema gore navedenim uputama na jakoj vatri. Premjestite na srednje jaku stranu roštilja; nastavite prema gore navedenim uputama.)

4. Prebacite kotlete na pladanj. Pokapajte kotlete s ½ šalice maslinovog ulja, okrenite ih da premažu obje strane. Pustite kotlete da se mariniraju 3 do 5 minuta prije posluživanja, okrećući ih jednom ili dvaput kako bi se meso proželo okusima limunove kore, češnjaka i začinskog bilja.

5. Dok se kotleti odmaraju, ispecite brokulu rabe da lagano pougljeni i zagrije. Rasporedite rabe od brokule na pladanj sa svinjskim kotletima; žlicom prelijte malo marinade preko svakog kotleta i brokule prije posluživanja.

SVINJSKI KOTLETI PUNJENI ESCAROLEOM

PRIPREMA: 20 minuta kuhanja: 9 minuta čini: 4 porcije

ESCAROLE SE MOŽE JESTI KAO ZELENA SALATA ILI LAGANO PIRJATI S ČEŠNJAKOM NA MASLINOVOM ULJU ZA BRZI PRILOG. OVDJE, U KOMBINACIJI S MASLINOVIM ULJEM, ČEŠNJAKOM, CRNIM PAPROM, MLJEVENOM CRVENOM PAPRIKOM I LIMUNOM, ČINI PREKRASAN SVIJETLOZELENI NADJEV ZA SOČNE SVINJSKE KOTLETE PEČENE U TAVI.

4 svinjska kotleta od 6 do 8 unci s kostima, izrezana ¾ inča debljine

½ srednje velike glavice escarole, sitno nasjeckane

4 žlice maslinovog ulja

1 žlica svježeg soka od limuna

¼ žličice crnog papra

¼ žličice mljevene crvene paprike

2 velika češnja češnjaka, nasjeckana

Maslinovo ulje

1 žlica narezane svježe kadulje

¼ žličice crnog papra

⅓ šalice suhog bijelog vina

1. Koristeći nož za guljenje, izrežite duboki džep, oko 2 inča širok, na zakrivljenoj strani svakog svinjskog kotleta; Staviti na stranu.

2. U velikoj zdjeli pomiješajte escarole, 2 žlice maslinovog ulja, limunov sok, ¼ žličice crnog papra, zgnječenu crvenu papriku i češnjak. Svaki kotlet nadjevati jednom četvrtinom smjese. Premažite kotlete maslinovim uljem. Pospite kaduljom i ¼ žličice mljevenog crnog papra.

3. U posebno velikoj tavi zagrijte preostale 2 žlice maslinovog ulja na srednje jakoj vatri. Pržite svinjetinu 4 minute sa svake strane dok ne porumeni. Prebacite kotlete na tanjur. Dodajte vino u tavu, ostružući sve zapečene komadiće. Smanjite sok u tavi na 1 minutu.

4. Prelijte kotlete sokom od tave prije posluživanja.

SVINJSKI KOTLETI S KOROM OD DIJON-PECAN PECANA

PRIPREMA: 15 minuta kuhanja: 6 minuta pečenja: 3 minute čini: 4 porcije FOTOGRAFIJA

OVI KOTLETI S KORICOM OD SENFA I ORAHANE MOŽE BITI JEDNOSTAVNIJE ZA NAPRAVITI—A ISPLATA OKUSA DALEKO PREMAŠUJE TRUD. ISPROBAJTE IH S BUTTERNUT TIKVICOM PEČENOM NA CIMETU (VIDI RECEPT), NEOKLASIČNA WALDORFSKA SALATA (VIDI RECEPT), ILI SALATA OD PROKULICA I JABUKA (VIDI RECEPT).

- ⅓ šalice sitno nasjeckanih pekan oraha, tostiranih (vidi Savjet)
- 1 žlica narezane svježe kadulje
- 3 žlice maslinovog ulja
- 4 svinjska kotleta s kostima u sredini, debljine oko 1 inča (ukupno oko 2 funte)
- ½ žličice crnog papra
- 2 žlice maslinovog ulja
- 3 žlice Dijon senfa (vidi recept)

1. Zagrijte pećnicu na 400°F. U maloj posudi pomiješajte pekan orahe, kadulju i 1 žlicu maslinovog ulja.

2. Svinjske kotlete pospite paprom. U velikoj tavi otpornoj na pećnicu zagrijte preostale 2 žlice maslinovog ulja na jakoj vatri. Dodati kotlete; kuhajte oko 6 minuta ili dok ne porumene s obje strane, okrećući jednom. Uklonite tavu s vatre. Na vrhove kotleta namažite senf Dijon; pospite smjesom pekan oraha, lagano utiskujući u senf.

3. Stavite tavu u pećnicu. Pecite 3 do 4 minute ili dok kotleti nisu gotovi (145°F).

SVINJETINA S KOROM OD ORAHA I SALATOM OD KUPINA I ŠPINATA

PRIPREMA:30 minuta kuhanja: 4 minute čini: 4 porcije

SVINJETINA IMA PRIRODNO SLADAK OKUSKOJI SE DOBRO SLAŽE S VOĆEM. IAKO SU UOBIČAJENI SUMNJIVCI JESENSKO VOĆE POPUT JABUKA I KRUŠAKA—ILI KOŠTUNIČAVO VOĆE POPUT BRESKVI, ŠLJIVA I MARELICA—SVINJETINA JE TAKOĐER UKUSNA S KUPINAMA KOJE IMAJU SLATKO-OPORKI OKUS NALIK VINU.

1⅔ šalice kupina

1 žlica plus 1½ žličice vode

3 žlice orahovog ulja

1 žlica plus 1½ žličice bijelog vinskog octa

2 jaja

¾ šalice obroka od badema

⅓ šalice sitno sjeckanih oraha

1 žlica plus 1½ žličice mediteranskog začina (vidi<u>recept</u>)

4 svinjska kotleta ili otkošteni lungić (ukupno 1 do 1½ funte)

6 šalica svježih listova mladog špinata

½ šalice natrganog svježeg lišća bosiljka

½ šalice nasjeckanog crvenog luka

½ šalice nasjeckanih oraha, prženih (vidi<u>Savjet</u>)

¼ šalice rafiniranog kokosovog ulja

1. Za vinaigrette od kupina, u malom loncu pomiješajte 1 šalicu kupina i vodu. Dovesti do vrenja; smanjiti toplinu. Poklopljeno kuhajte na laganoj vatri 4 do 5 minuta ili samo dok bobice ne omekšaju i boja ne postane svijetlo kestenjasta, povremeno miješajući. Maknite s vatre; malo ohladite. Neocijeđene kupine uspite u blender ili multipraktik; pokrijte i pomiješajte ili obradite dok ne

postane glatko. Koristeći poleđinu žlice, protisnite pasirane bobice kroz sitno sito; odbacite sjemenke i krutine. U srednjoj zdjeli pomiješajte procijeđeno bobičasto voće, orahovo ulje i ocat; Staviti na stranu.

2. Veliki pleh obložiti papirom za pečenje; Staviti na stranu. U plitkoj posudi lagano vilicom dobro umutiti jaja. U drugoj plitkoj posudi pomiješajte brašno od badema, ⅓ šalice sitno nasjeckanih oraha i mediteranski začin. Svinjske kotlete, jedan po jedan, umočite u jaja, a zatim u mješavinu oraha, okrećite da se ravnomjerno obliže. Stavite premazane svinjske kotlete na pripremljen lim za pečenje; Staviti na stranu.

3. U velikoj zdjeli pomiješajte špinat i bosiljak. Podijelite zelenje na četiri tanjura za posluživanje, rasporedivši ga duž jedne strane tanjura. Prelijte preostalim ⅔ šalice bobičastog voća, crvenim lukom i ½ šalice prženih oraha. Prelijte vinaigretteom od kupina.

4. U posebno velikoj tavi zagrijte kokosovo ulje na srednje jakoj vatri. Dodajte svinjske kotlete u tavu; kuhajte oko 4 minute ili dok ne bude gotovo (145°F), okrećući jednom. Svinjske kotlete dodajte na tanjure sa salatom.

SVINJSKI ŠNICL SA SLATKO-KISELIM CRVENIM KUPUSOM

PRIPREMA: 20 minuta kuhanja: 45 minuta čini: 4 porcije

U "PALEO PRINCIPI" DIO OVE KNJIGE, BADEMOVO BRAŠNO (TAKOĐER NAZVANO BRAŠNO OD BADEMA) NAVEDENO JE KAO SASTOJAK KOJI NIJE PALEO—NE ZATO ŠTO JE BADEMOVO BRAŠNO SAMO PO SEBI LOŠE, VEĆ ZATO ŠTO SE ČESTO KORISTI ZA IZRADU ANALOGA KOLAČIĆA OD PŠENIČNOG BRAŠNA, KOLAČA, KOLAČIĆA ITD., KOJI NE BI TREBALI BITI REDOVITI DIO REAL PALEO DIET®. KORIŠTENJE U UMJERENIM KOLIČINAMA KAO PREMAZ ZA TANKU KAPICU PEČENE SVINJETINE ILI PERADI, KAO ŠTO JE OVDJE, NIJE PROBLEM.

KUPUS

2 žlice maslinovog ulja

1 šalica nasjeckanog crvenog luka

6 šalica tanko narezanog crvenog kupusa (oko ½ glavice)

2 jabuke Granny Smith, oguljene, očišćene od jezgre i narezane na kockice

¾ šalice svježeg soka od naranče

3 žlice jabukovače octa

½ žličice sjemenki kima

½ žličice sjemenki celera

½ žličice crnog papra

SVINJETINA

4 svinjska kotleta bez kostiju, izrezana na ½ inča debljine

2 šalice bademovog brašna

1 žlica sušene kore limuna

2 žličice crnog papra

¾ žličice mljevene pimente

1 veliko jaje

¼ šalice bademovog mlijeka
3 žlice maslinovog ulja
kriške limuna

1. Za slatko-kiseli kupus, u pećnici od 6 litara zagrijte maslinovo ulje na srednje niskoj temperaturi. Dodajte luk; kuhajte 6 do 8 minuta ili dok ne omekšaju i lagano ne porumene. Dodajte kupus; kuhajte i miješajte 6 do 8 minuta ili dok kupus ne postane hrskav. Dodajte jabuke, sok od naranče, ocat, sjemenke kima, sjemenke celera i ½ žličice papra. Dovesti do vrenja; smanjite toplinu na nisku. Poklopite i kuhajte 30 minuta uz povremeno miješanje. Otklopite i kuhajte dok se tekućina malo ne reducira.

2. U međuvremenu, za svinjetinu, stavite odreske između dva lista plastične folije ili voštanog papira. Koristeći ravnu stranu čekića za meso ili valjaka, istucite na oko ¼ inča debljine; Staviti na stranu.

3. U plitkoj posudi pomiješajte bademovo brašno, osušenu koricu limuna, 2 žličice papra i piment. U drugoj plitkoj posudi umutite jaje i bademovo mlijeko. Svinjske kotlete lagano premažite začinjenim brašnom, otresajući višak. Umočite u smjesu jaja, zatim ponovno u začinjeno brašno, otresajući višak. Ponovite s preostalim kotletima.

4. U velikoj tavi zagrijte maslinovo ulje na srednje jakoj vatri. U tavu dodati 2 kotleta. Kuhajte 6 do 8 minuta ili dok kotleti ne porumene i budu pečeni, okrećući ih jednom. Prebacite kotlete na topli pladanj. Ponovite s preostala 2 kotleta.

5. Kotlete poslužite s kupusom i kriškama limuna.

DIMLJENA DJEČJA LEĐA S UMAKOM OD JABUKE I SENFA

UPITI:1 sat stajanja: 15 minuta dim: 4 sata kuhanje: 20 minuta čini: 4 porcijeFOTOGRAFIJA

BOGAT OKUS I MESNATA TEKSTURADIMLJENIH REBARA ZAHTIJEVA NEŠTO HLADNO I HRSKAVO UZ TO. GOTOVO BILO KOJA SLANA SLAMA MOŽE POSLUŽITI, ALI SLATA OD KOMORAČA (VIDIRECEPTI NA SLICIOVDJE), POSEBNO JE DOBAR.

REBRA
- 8 do 10 komadića drva jabuke ili hikorije
- 3 do 3½ funte svinjskog lungića, mala stražnja rebarca
- ¼ šalice dimljenog začina (vidirecept)

UMAK
- 1 srednja jabuka za kuhanje, oguljena, bez jezgre i narezana na tanke kriške
- ¼ šalice nasjeckanog luka
- ¼ šalice vode
- ¼ šalice jabukovače octa
- 2 žlice Dijon senfa (vidirecept)
- 2 do 3 žlice vode

1. Najmanje 1 sat prije kuhanja na dimljenju namočite komade drva u dovoljno vode da pokrije. Ocijediti prije upotrebe. Odrežite vidljivu masnoću s rebara. Po potrebi skinite tanku opnu sa stražnje strane rebara. Stavite rebra u veliku plitku tavu. Ravnomjerno pospite začinima Smoky; utrljajte prstima. Pustite da odstoji na sobnoj temperaturi 15 minuta.

2. U pušnicu rasporedite prethodno zagrijani ugljen, ocijeđene komade drva i posudu s vodom prema uputama proizvođača. Ulijte vodu u posudu. Stavite rebra, s kostima

prema dolje, na rešetku za roštilj iznad posude s vodom. (Ili stavite rebra u rešetku za rebra; stavite rešetku za rebra na rešetku za roštilj.) Poklopite i pustite da se dimi 2 sata. Održavajte temperaturu od oko 225°F u pušnici tijekom trajanja pušenja. Po potrebi dodajte još ugljena i vode za održavanje temperature i vlage.

3. U međuvremenu, za mop umak, u malom loncu pomiješajte kriške jabuke, luk i ¼ šalice vode. Dovesti do vrenja; smanjiti toplinu. Poklopljeno kuhajte na laganoj vatri 10 do 12 minuta ili dok kriške jabuke ne omekšaju, povremeno miješajući. Malo ohladite; prebacite neocijeđenu jabuku i luk u procesor hrane ili blender. Pokrijte i obradite ili miksajte dok ne postane glatko. Vratiti pire u lonac. Umiješajte ocat i Dijon senf. Kuhajte na srednje laganoj vatri 5 minuta uz povremeno miješanje. Dodajte 2 do 3 žlice vode (ili više, po potrebi) kako bi umak bio konzistencije vinaigrettea. Umak podijelite na trećine.

4. Nakon 2 sata, rebra obilno premažite jednom trećinom mop umaka. Poklopiti i dimiti još 1 sat. Ponovno premažite još jednom trećinom mop umaka. Zamotajte svaku plošku rebara u debelu foliju i stavite rebra natrag na pušnicu, stavljajući ih jedno na drugo ako je potrebno. Poklopite i pušite još 1 do 1½ sat ili dok rebra ne omekšaju.*

5. Odmotajte rebra i premažite preostalom trećinom mop umaka. Izrežite rebra između kostiju za posluživanje.

*Savjet: Kako biste provjerili nježnost rebarca, pažljivo uklonite foliju s jedne od ploški rebarca. Podignite rebrastu ploču kliještima, držeći je za gornju jednu četvrtinu ploče. Okrenite rebra tako da mesnata strana bude okrenuta prema dolje. Ako su rebra mekana, ploča bi se trebala početi raspadati dok je podižete. Ako nije mekano, ponovno zamotajte u foliju i nastavite dimiti rebarca dok ne omekšaju.

SVINJSKA REBARCA U PEĆNICI NA SEOSKOM STILU SA ROŠTILJEM SA SVJEŽIM ANANASOM

PRIPREMA:20 minuta kuhanja: 8 minuta pečenja: 1 sat 15 minuta čini: 4 porcije

SVINJSKA REBRA NA SEOSKI NAČIN SU MESNATA,JEFTINO, I, AKO SE TRETIRA NA PRAVI NAČIN - KAO ŠTO JE KUHANO LAGANO I SPORO U NEREDU UMAKA ZA ROŠTILJ - POSTAJE MEKANO KOJE SE TOPI.

2 funte svinjskih rebara na seoski način bez kostiju
¼ žličice crnog papra
1 žlica rafiniranog kokosovog ulja
½ šalice svježeg soka od naranče
1½ šalice BBQ umaka (vidi recept)
3 šalice nasjeckanog zelenog i/ili crvenog kupusa
1 šalica nasjeckane mrkve
2 šalice sitno nasjeckanog ananasa
⅓ šalice Bright Citrus Vinaigrette (vidi recept)
BBQ umak (vidi recept) (izborno)

1. Zagrijte pećnicu na 350°F. Svinjetinu pospite paprom. U posebno velikoj tavi zagrijte kokosovo ulje na srednje jakoj vatri. Dodajte svinjska rebra; kuhajte 8 do 10 minuta ili dok ne porumene, ravnomjerno posmeđujući. Stavite rebra u pravokutnu posudu za pečenje od 3 litre.

2. Za umak, dodajte sok od naranče u tavu, miješajući da ostružete sve zapečene komadiće. Umiješajte 1½ šalice BBQ umaka. Rebra prelijte umakom. Okrenite rebra da ih premažete umakom (ako je potrebno, upotrijebite

slastičarsku četku da premažete umak preko rebarca). Posudu za pečenje čvrsto prekrijte aluminijskom folijom.

3. Rebra pecite 1 sat. Uklonite foliju i premažite rebra umakom iz posude za pečenje. Pecite još oko 15 minuta ili dok rebra ne omekšaju i porumene, a umak se malo zgusne.

4. U međuvremenu, za salatu od ananasa, pomiješajte kupus, mrkvu, ananas i Bright Citrus Vinaigrette. Pokrijte i stavite u hladnjak do vremena za posluživanje.

5. Rebarca poslužite sa slamom i po želji dodatnim BBQ umakom.

ZAČINJENI SVINJSKI GULAŠ

PRIPREMA: 20 minuta kuhanja: 40 minuta čini: 6 porcija

POSLUŽUJE SE OVAJ PAPRIKAŠ NA MAĐARSKI NAČIN NA PODLOZI OD HRSKAVOG, JEDVA UVENULOG KUPUSA ZA JEDNO JELO. ZDROBITE SJEMENKE KIMA U MUŽARU I TUČKU AKO GA IMATE. AKO NISU, ZGNJEČITE IH ŠIROKOM STRANOM KUHARSKOG NOŽA TAKO DA ŠAKOM NJEŽNO PRITISNETE NOŽ.

GULAŠ

1½ funte mljevene svinjetine

2 šalice nasjeckane crvene, narančaste i/ili žute slatke paprike

¾ šalice sitno nasjeckanog crvenog luka

1 mali svježi crveni čili, bez sjemenki i sitno nasjeckan (vidi Savjet)

4 žličice dimljenog začina (vidi recept)

1 žličica zgnječenih sjemenki kima

¼ žličice mljevenog mažurana ili origana

1 limenka od 14 unci narezana na kockice rajčice bez dodane soli, neocijeđena

2 žlice crvenog vinskog octa

1 žlica sitno naribane kore limuna

⅓ šalice nasjeckanog svježeg peršina

KUPUS

2 žlice maslinovog ulja

1 srednji luk, narezan na ploške

1 manja glavica zelenog ili crvenog kupusa, očišćena od središta i tanko narezana

1. Za gulaš, u velikoj pećnici kuhajte mljevenu svinjetinu, slatku papriku i luk na srednje jakoj vatri 8 do 10 minuta ili dok svinjetina više ne bude ružičasta, a povrće postane hrskavo-mekano, miješajući drvenom kuhačom razbiti meso. Ocijediti od masnoće. Smanjite toplinu na nisku; dodajte crveni čili, dimljeni začin, sjemenke kima i

mažuran. Poklopite i kuhajte 10 minuta. Dodajte neocijeđene rajčice i ocat. Dovesti do vrenja; smanjiti toplinu. Poklopljeno kuhajte na laganoj vatri 20 minuta.

2. U međuvremenu, za kupus, u posebno velikoj tavi zagrijte ulje na srednje jakoj vatri. Dodajte luk i kuhajte dok ne omekša, oko 2 minute. Dodajte kupus; promiješajte da se sjedini. Smanjite toplinu na najnižu. Kuhajte oko 8 minuta ili dok kupus ne omekša, povremeno miješajući.

3. Za posluživanje stavite malo mješavine kupusa na tanjur. Prelijte gulašom i pospite limunovom koricom i peršinom.

TALIJANSKE MESNE OKRUGLICE OD KOBASICE MARINARA S NAREZANIM KOMORAČEM I PIRJANIM LUKOM

PRIPREMA:30 minuta pečenja: 30 minuta kuhanja: 40 minuta čini: 4 do 6 porcija

OVAJ RECEPT JE RIJEDAK PRIMJERKONZERVIRANOG PROIZVODA DJELUJE JEDNAKO DOBRO KAO—AKO NE I BOLJE OD—SVJEŽE VERZIJE. OSIM AKO NEMATE RAJČICE KOJE SU VRLO, VRLO ZRELE, NEĆETE DOBITI TAKO DOBRU KONZISTENCIJU UMAKA KORISTEĆI SVJEŽE RAJČICE KAO ŠTO MOŽETE KORISTITI RAJČICE IZ KONZERVE. SAMO PAZITE DA KORISTITE PROIZVOD BEZ DODANE SOLI - I, JOŠ BOLJE, ORGANSKI.

MESNE OKRUGLICE

- 2 velika jaja
- ½ šalice obroka od badema
- 8 češnja češnjaka, nasjeckanog
- 6 žlica suhog bijelog vina
- 1 žlica paprike
- 2 žličice crnog papra
- 1 žličica sjemenki komorača, lagano zdrobljenih
- 1 žličica sušenog origana, zdrobljenog
- 1 čajna žličica osušene majčine dušice, zdrobljene
- ¼ do ½ žličice kajenskog papra
- 1½ funte mljevene svinjetine

MARINARA

- 2 žlice maslinovog ulja
- 2 konzerve mljevene rajčice bez dodane soli od 15 unci ili jedna mljevena rajčica bez dodane soli od limenke od 28 unci
- ½ šalice narezanog svježeg bosiljka
- 3 srednje lukovice komorača, prepolovljene, očišćene od središta i tanko narezane

1 veliki slatki luk, prepolovljen i narezan na tanke ploške

1. Zagrijte pećnicu na 375°F. Obložite veliki lim za pečenje s rubovima papirom za pečenje; Staviti na stranu. U velikoj zdjeli pjenjačom pomiješajte jaja, brašno od badema, 6 režnjeva nasjeckanog češnjaka, 3 žlice vina, papriku, 1½ žličice crnog papra, sjemenke komorača, origano, timijan i kajenski papar. Dodajte svinjetinu; dobro promiješajte. Od svinjske smjese oblikujte mesne okruglice od 1½ inča (trebalo bi imati oko 24 mesne okruglice); rasporedite u jednom sloju na pripremljeni lim za pečenje. Pecite oko 30 minuta ili dok lagano ne porumene, okrećući jednom tijekom pečenja.

2. U međuvremenu, za marinara umak, u nizozemskoj pećnici od 4 do 6 litara zagrijte 1 žlicu maslinovog ulja. Dodajte 2 preostala režnja nasjeckanog češnjaka; kuhajte oko 1 minutu ili dok tek ne počne rumeniti. Brzo dodajte preostale 3 žlice vina, zgnječenu rajčicu i bosiljak. Dovesti do vrenja; smanjiti toplinu. Pirjajte nepoklopljeno 5 minuta. Kuhane mesne okruglice pažljivo umiješajte u marinara umak. Poklopite i pirjajte 25 do 30 minuta.

3. U međuvremenu, u velikoj tavi zagrijte preostalu 1 žlicu maslinovog ulja na srednje jakoj vatri. Umiješajte narezani komorač i luk. Kuhajte 8 do 10 minuta ili dok ne omekša i lagano porumeni, često miješajući. Začinite s preostalom ½ žličice crnog papra. Poslužite mesne okruglice i marinara umak na pirjanoj koromaču i luku.

BRODIĆI OD TIKVICA PUNJENI SVINJETINOM S BOSILJKOM I PINJOLIMA

PRIPREMA: 20 minuta kuhanja: 22 minute pečenja: 20 minuta čini: 4 porcije

DJECA ĆE OBOŽAVATI OVO ZABAVNO JELO IZDUBLJENIH TIKVICA PUNJENIH MLJEVENOM SVINJETINOM, RAJČICOM I SLATKOM PAPRIKOM. AKO ŽELITE, UMIJEŠAJTE 3 ŽLICE PESTA OD BOSILJKA (VIDI RECEPT) UMJESTO SVJEŽEG BOSILJKA, PERŠINA I PINJOLA.

2 srednje tikvice
1 žlica ekstra djevičanskog maslinovog ulja
12 unci mljevene svinjetine
¾ šalice nasjeckanog luka
2 češnja češnjaka, mljevena
1 šalica nasjeckanih rajčica
⅔ šalice sitno nasjeckane žute ili narančaste slatke paprike
1 žličica sjemenki komorača, lagano zdrobljenih
½ žličice mljevene crvene paprike
¼ šalice narezanog svježeg bosiljka
3 žlice nasjeckanog svježeg peršina
2 žlice pinjola, prženih (vidi Savjet) i krupno nasjeckan
1 žličica sitno naribane kore limuna

1. Zagrijte pećnicu na 350°F. Prepolovite tikvice po dužini i pažljivo ostružite sredinu, ostavljajući ljusku debljine ¼ inča. Kašu tikvice grubo nasjeckajte i ostavite sa strane. Posložite polovice tikvica, prerezane strane prema gore, na pleh obložen folijom.

2. Za punjenje, u velikoj tavi zagrijte maslinovo ulje na srednje jakoj vatri. Dodati mljevenu svinjetinu; kuhajte dok više ne bude ružičasto, miješajući drvenom kuhačom da se meso razbije. Ocijediti od masnoće. Smanjite vatru na srednju. Dodajte rezerviranu pulpu tikvica, luk i češnjak; kuhajte i miješajte oko 8 minuta ili dok luk ne omekša. Umiješajte rajčice, slatku papriku, sjemenke komorača i mljevenu crvenu papriku. Kuhajte oko 10 minuta ili dok rajčice ne omekšaju i počnu se raspadati. Maknite tavu s vatre. Umiješajte bosiljak, peršin, pinjole i koricu limuna. Podijelite nadjev po ljuskama tikvica, lagano udubite. Pecite 20 do 25 minuta ili dok ljuske tikvica ne postanu hrskave.

ZDJELICE S REZANCIMA OD SVINJETINE I ANANASA S KOKOSOVIM MLIJEKOM I ZAČINSKIM BILJEM

PRIPREMA: 30 minuta kuhanja: 15 minuta pečenja: 40 minuta čini: 4 porcije**FOTOGRAFIJA**

1 velika špageta tikva
2 žlice rafiniranog kokosovog ulja
1 funta mljevene svinjetine
2 žlice sitno nasjeckanog mladog luka
2 žlice svježeg soka od limete
1 žlica mljevenog svježeg đumbira
6 češnja češnjaka, nasjeckanog
1 žlica mljevene limunske trave
1 žlica crvenog curry praha u tajlandskom stilu bez dodane soli
1 šalica nasjeckane crvene slatke paprike
1 šalica nasjeckanog luka
½ šalice mrkve narezane na julienne
1 baby bok choy, narezan na kriške (3 šalice)
1 šalica narezanih svježih šampinjona
1 ili 2 tajlandska ptičja čilija, tanko narezana (vidi<u>Savjet</u>)
1 konzerva prirodnog kokosovog mlijeka od 13,5 unci (kao što je Nature's Way)
½ šalice juhe od pileće kosti (vidi<u>recept</u>) ili pileća juha bez dodatka soli
¼ šalice svježeg soka od ananasa
3 žlice neslanog maslaca od indijskih oraščića bez dodanog ulja
1 šalica svježeg ananasa narezanog na kockice
Kriške limete
Svježi cilantro, menta i/ili tajlandski bosiljak
Sjeckani pečeni indijski oraščići

1. Zagrijte pećnicu na 400°F. Pecite špagete u mikrovalnoj pećnici na visokoj temperaturi 3 minute. Tikvu pažljivo prepolovite po dužini i izvadite joj sjemenke. Utrljajte 1 žlicu kokosovog ulja preko odrezanih strana tikve. Stavite polovice tikvica, prerezanom stranom prema dolje, na lim za pečenje. Pecite 40 do 50 minuta ili dok se tikva ne može lako probosti nožem. Zupcima vilice ostružite meso s ljuski i držite na toplom do posluživanja.

2. U međuvremenu, u srednjoj zdjeli pomiješajte svinjetinu, mladi luk, sok limete, đumbir, češnjak, limunsku travu i curry prah; dobro promiješajte. U posebno velikoj tavi zagrijte preostalu 1 žlicu kokosovog ulja na srednje jakoj vatri. Dodajte mješavinu svinjetine; kuhajte dok više ne bude ružičasto, miješajući drvenom kuhačom da se meso razbije. Dodajte slatku papriku, luk i mrkvu; kuhajte i miješajte oko 3 minute ili dok povrće ne postane hrskavo-omekšano. Umiješajte bok choy, gljive, čili, kokosovo mlijeko, juhu od pilećih kostiju, sok od ananasa i maslac od indijskih oraščića. Dovesti do vrenja; smanjiti toplinu. Dodajte ananas; pirjajte nepoklopljeno dok se ne zagrije.

3. Za posluživanje podijelite špagete squash u četiri zdjelice za posluživanje. Prelijte svinjetinu s karijem preko tikve. Poslužite s kriškama limete, začinskim biljem i indijskim oraščićima.

ZAČINJENE SVINJSKE PLJESKAVICE NA ŽARU S LJUTOM SALATOM OD KRASTAVACA

PRIPREMA:30 minuta roštilja: 10 minuta stajanja: 10 minuta čini: 4 porcije

HRSKAVA SALATA OD KRASTAVACAS OKUSOM SVJEŽE MENTE RASHLAĐUJUĆI JE I OSVJEŽAVAJUĆI DODATAK ZAČINJENIM HAMBURGERIMA OD SVINJETINE.

- ⅓ šalice maslinovog ulja
- ¼ šalice nasjeckane svježe metvice
- 3 žlice bijelog vinskog octa
- 8 češnja češnjaka, nasjeckanog
- ¼ žličice crnog papra
- 2 srednja krastavca, vrlo tanko narezana
- 1 mali luk, narezan na tanke ploške (oko ½ šalice)
- 1¼ do 1½ funte mljevene svinjetine
- ¼ šalice nasjeckanog svježeg cilantra
- 1 do 2 srednje svježe jalapeño ili serrano čili papričice, bez sjemenki (po želji) i sitno nasjeckane (vidiSavjet)
- 2 srednje crvene slatke paprike, očišćene od sjemenki i narezane na četvrtine
- 2 žličice maslinovog ulja

1. U velikoj zdjeli pjenjačom pomiješajte ⅓ šalice maslinovog ulja, metvicu, ocat, 2 režnja nasjeckanog češnjaka i crni papar. Dodati narezane krastavce i luk. Bacajte dok se dobro ne prekrije. Pokrijte i ohladite dok ne budete spremni za posluživanje, promiješajte jednom ili dvaput.

2. U velikoj zdjeli pomiješajte svinjetinu, cilantro, čili papričicu i preostalih 6 češnjeva nasjeckanog češnjaka. Oblikujte

četiri pljeskavice debljine ¾ inča. Četvrtine paprike lagano premažite s 2 žličice maslinovog ulja.

3. Za roštilj na ugljen ili plin, pljeskavice i četvrtine slatke paprike stavite izravno na srednju vatru. Pokrijte i pecite na roštilju dok termometar s trenutnim očitanjem umetnut u stranice svinjskih pljeskavica ne zabilježi 160°F i dok četvrtine paprike ne omekšaju i lagano se zapeku, okrećite pljeskavice i četvrtine paprike na pola pečenja. Ostavite 10 do 12 minuta za pljeskavice i 8 do 10 minuta za četvrtine paprike.

4. Kad su četvrtine paprike gotove, zamotajte ih u foliju da se potpuno zahvate. Pustite da stoji oko 10 minuta ili dok se dovoljno ne ohladi za rukovanje. Oštrim nožem pažljivo ogulite ljuske paprike. Tanko narežite četvrtine paprike po dužini.

5. Za posluživanje promiješajte salatu od krastavaca i žlicom ravnomjerno rasporedite na četiri velika tanjura za posluživanje. Na svaki tanjur dodajte po jednu svinjsku pljeskavicu. Ravnomjerno naslagajte kriške crvene paprike na pljeskavice.

PIZZA S KOROM OD TIKVICA S PESTOM OD SUŠENIH RAJČICA, SLATKOM PAPRIKOM I TALIJANSKOM KOBASICOM

PRIPREMA: 30 minuta kuhanja: 15 minuta pečenja: 30 minuta čini: 4 porcije

OVO JE PIZZA NA NOŽ I VILICU. OBAVEZNO LAGANO UTISNITE KOBASICU I PAPRIKU U KORU PREMAZANU PESTOM KAKO BI SE NADJEV DOVOLJNO ZALIJEPIO DA SE PIZZA MOŽE UREDNO REZATI.

- 2 žlice maslinovog ulja
- 1 žlica sitno mljevenih badema
- 1 veće jaje, lagano tučeno
- ½ šalice bademovog brašna
- 1 žlica narezanog svježeg origana
- ¼ žličice crnog papra
- 3 češnja češnjaka, nasjeckana
- 3½ šalice nasjeckanih tikvica (2 srednje)
- Talijanska kobasica (vidi recept, dolje)
- 1 žlica ekstra djevičanskog maslinovog ulja
- 1 slatka paprika (žuta, crvena ili pola svake), očišćena od sjemenki i narezana na vrlo tanke trakice
- 1 manja glavica luka, tanko narezana
- Pesto od sušene rajčice (vidi recept, dolje)

1. Zagrijte pećnicu na 425°F. Premažite posudu za pizzu od 12 inča s 2 žlice maslinovog ulja. Pospite mljevenim bademima; Staviti na stranu.

2. Za koru, u velikoj zdjeli pomiješajte jaje, bademovo brašno, origano, crni papar i češnjak. Stavite nasjeckane tikvice u čisti ručnik ili komad gaze. Čvrsto zamotajte

JANJEĆI BUT OD DIMLJENOG LIMUNA I KORIJANDERA SA ŠPAROGAMA NA ŽARU

UPITI: 30 minuta pripreme: 20 minuta roštilja: 45 minuta stajanja: 10 minuta čini: 6 do 8 porcija

JEDNOSTAVNO, ALI ELEGANTNO, OVO JELO IMADVA SASTOJKA KOJA DOLAZE NA SVOJE U PROLJEĆE - JANJETINA I ŠPAROGE. TOSTIRANJE SJEMENKI KORIJANDERA POJAČAVA TOPAO, ZEMLJANI, BLAGO LJUT OKUS.

1 šalica čipsa hikorija

2 žlice sjemenki korijandera

2 žlice sitno naribane kore limuna

1½ žličice crnog papra

2 žlice nasjeckanog svježeg timijana

1 janjeći but bez kostiju od 2 do 3 funte

2 vezice svježih šparoga

1 žlica maslinovog ulja

¼ žličice crnog papra

1 limun, izrezan na četvrtine

1. Najmanje 30 minuta prije kuhanja na dimu, u zdjeli namočite čips hikorija u dovoljno vode da ga prekrije; Staviti na stranu. U međuvremenu, u maloj tavi tostirajte sjemenke korijandera na srednjoj vatri oko 2 minute ili dok ne zamirišu i ne počnu pucketati, često miješajući. Uklonite sjemenke iz tave; neka se ohladi. Kad se sjemenke ohlade, grubo ih zdrobite u mužaru (ili stavite sjemenke na dasku za rezanje i zgnječite ih stražnjom stranom drvene žlice). U maloj posudi pomiješajte

zgnječene sjemenke korijandera, koricu limuna, 1½ žličice papra i majčinu dušicu; Staviti na stranu.

2. Uklonite mrežu s janjećeg pečenja ako postoji. Na radnoj površini otvorite pečenje s masnom stranom prema dolje. Polovicom mješavine začina pospite meso; utrljajte prstima. Pečeno zarolajte i zavežite s četiri do šest komada 100% pamučne kuhinjske niti. Pospite preostalu mješavinu začina po vanjskoj strani pečenja, lagano pritisnite da se zalijepi.

3. Za roštilj na drveni ugljen rasporedite srednje vruće ugljene oko posude za skupljanje tekućine. Testirajte na srednje jakoj vatri iznad posude. Po ugljenu pospite ocijeđenu sječku. Janjeće pečenje stavite na rešetku roštilja iznad tepsije. Pokrijte i pušite 40 do 50 minuta za srednje (145°F). (Za plinski roštilj, prethodno zagrijte roštilj. Smanjite toplinu na srednju. Podesite za neizravno kuhanje. Dimite kao gore, osim dodajte ocijeđene drvene sječke prema uputama proizvođača.) Lagano pokrijte pečeno folijom. Pustite da odstoji 10 minuta prije rezanja.

4. U međuvremenu šparogama odrežite drvenaste krajeve. U velikoj zdjeli pomiješajte šparoge s maslinovim uljem i ¼ žličice papra. Stavite šparoge oko vanjskih rubova roštilja, izravno preko ugljena i okomito na rešetku roštilja. Pokrijte i pecite na roštilju 5 do 6 minuta dok ne postane hrskavo. Iscijedite kriške limuna preko šparoga.

5. Janjećem pečenju skinite konac i narežite meso na tanke ploške. Meso poslužite uz pečene šparoge.

JANJEĆI VRUĆI LONAC

PRIPREMA: 30 minuta kuhanja: 2 sata i 40 minuta čini: 4 porcije

ZAGRIJTE SE OVIM SLANIM VARIVOM U JESENSKOJ ILI ZIMSKOJ NOĆI. GULAŠ SE POSLUŽUJE PREKO BARŠUNASTE KAŠE OD KORIJENA CELERA I PASTRNJAKA ZAČINJENE DIJONSKIM SENFOM, VRHNJEM OD INDIJSKIH ORAŠČIĆA I VLASCEM. NAPOMENA: KORIJEN CELERA PONEKAD SE NAZIVA CELER.

10 zrna crnog papra

6 listova kadulje

3 cijele aleve paprike

2 2-inčne trake narančine kore

2 kilograma janjeće lopatice bez kostiju

3 žlice maslinovog ulja

2 srednje glavice luka, krupno nasjeckane

1 limenka od 14,5 unci narezane rajčice bez dodane soli, neocijeđene

1½ šalice juhe od goveđih kostiju (vidi recept) ili goveđu juhu bez dodatka soli

¾ šalice suhog bijelog vina

3 velika češnja češnjaka, zgnječena i oguljena

2 funte korijena celera, oguljenog i narezanog na kockice od 1 inča

6 srednjih pastrnjaka, oguljenih i narezanih na ploške od 1 inča (oko 2 funte)

2 žlice maslinovog ulja

2 žlice kreme od indijskih oraščića (vidi recept)

1 žlica Dijon senfa (vidi recept)

¼ šalice nasjeckanog vlasca

1. Za garni buket izrežite kvadrat gaze od 7 inča. Stavite papar u zrnu, kadulju, piment i koricu naranče u sredinu gaze. Podignite kutove gaze i čvrsto zavežite čistom kuhinjskom uzicom od 100% pamuka. Staviti na stranu.

2. Odrezati masnoću s janjeće plećke; izrežite janjetinu na komade od 1 inča. U pećnici zagrijte 3 žlice maslinovog ulja na srednje jakoj vatri. Pecite janjetinu, po potrebi u porcijama, na vrućem ulju dok ne porumeni; izvadite iz posude i držite na toplom. Dodajte luk u tavu; kuhajte 5 do 8 minuta ili dok ne omekšaju i lagano porumene. Dodajte bouquet garni, neocijeđene rajčice, 1¼ šalice juhe od goveđih kostiju, vino i češnjak. Dovesti do vrenja; smanjiti toplinu. Poklopljeno kuhajte na laganoj vatri 2 sata uz povremeno miješanje. Uklonite i bacite bouquet garni.

3. U međuvremenu, za kašu, stavite korijen celera i pastrnjak u veliki temeljac; pokriti vodom. Dovedite do vrenja na srednje jakoj vatri; smanjite toplinu na nisku. Poklopite i lagano pirjajte 30 do 40 minuta ili dok povrće ne omekša kada ga probodete vilicom. Odvod; stavite povrće u procesor hrane. Dodajte preostalu ¼ šalice juhe od goveđih kostiju i 2 žlice ulja; pulsirajte dok kaša ne postane gotovo glatka, ali još uvijek ima malo teksture, zaustavljajući se jednom ili dvaput da stružete po bokovima. Prebacite kašu u zdjelu. Umiješajte kremu od indijskih oraščića, senf i vlasac.

4. Za posluživanje podijelite kašu u četiri zdjelice; na vrh stavite Lamb Hot Pot.

JANJEĆI GULAŠ S REZANCIMA OD KORIJENA CELERA

PRIPREMA:30 minuta pečenja: 1 sat i 30 minuta čini: 6 porcija

KORIJEN CELERA UZIMA POTPUNO DRUGAČIJEOBLIKU U OVOM GULAŠU NEGO U LAMB HOT POT (VIDI<u>RECEPT</u>). REZAČ ZA MANDOLINU KORISTI SE ZA IZRADU VRLO TANKIH TRAKICA SLATKOG KORIJENA ORAŠASTOG OKUSA. "REZANCI" SE PIRJAJU U PIRJANU DOK NE OMEKŠAJU.

2 žličice začina limuna i trava (vidi<u>recept</u>)
1½ funte janjećeg paprikaša, izrezanog na kockice od 1 inča
2 žlice maslinovog ulja
2 šalice nasjeckanog luka
1 šalica nasjeckane mrkve
1 šalica repe narezane na kockice
1 žlica mljevenog češnjaka (6 češnja)
2 žlice paste od rajčice bez dodane soli
½ šalice suhog crnog vina
4 šalice juhe od goveđih kostiju (vidi<u>recept</u>) ili goveđu juhu bez dodatka soli
1 list lovora
2 šalice kockica butternut tikve od 1 inča
1 šalica patlidžana narezanog na kockice
1 funta korijena celera, oguljenog
Sjeckani svježi peršin

1. Zagrijte pećnicu na 250°F. Po janjetini ravnomjerno pospite začine od limuna i trava. Lagano promiješajte da se prekrije. Zagrijte nizozemsku pećnicu od 6 do 8 litara na srednje jakoj vatri. Dodajte 1 žlicu maslinovog ulja i polovicu začinjene janjetine u Dutch pećnicu. Na vrelom ulju popržiti meso sa svih strana; premjestiti pečeno meso

na tanjur i ponoviti s preostalom janjetinom i maslinovim uljem. Smanjite vatru na srednju.

2. Dodajte luk, mrkvu i repu u lonac. Kuhajte i miješajte povrće 4 minute; dodajte češnjak i pastu od rajčice i kuhajte još 1 minutu. U lonac dodajte crno vino, juhu od goveđih kostiju, lovorov list i ostavljeno meso te sav nakupljeni sok. Pustite smjesu da zavrije. Poklopite i stavite Dutch oven u prethodno zagrijanu pećnicu. Pecite 1 sat. Umiješajte butternut tikvicu i patlidžan. Vratite u pećnicu i pecite još 30 minuta.

3. Dok je gulaš u pećnici, mandolinom narežite korijen celera na vrlo tanke ploške. Narežite kriške korijena celera na trake širine ½ inča. (Trebali biste imati oko 4 šalice.) Umiješajte trakice korijena celera u gulaš. Pirjajte oko 10 minuta ili dok ne omekša. Uklonite i bacite lovorov list prije posluživanja gulaša. Svaku porciju pospite nasjeckanim peršinom.

JANJEĆI KOTLETI PO FRANCUSKI S AJVAROM OD NARA

PRIPREMA: 10 minuta kuhanja: 18 minuta hlađenja: 10 minuta čini: 4 porcije

IZRAZ "FRANCUSKI" ODNOSI SE NA REBRANU KOSTS KOJIH JE OŠTRIM NOŽEM ZA GULJENJE UKLONJENA MAST, MESO I VEZIVNO TKIVO. TO ČINI ATRAKTIVNU PREZENTACIJU. ZAMOLITE SVOG MESARA DA TO UČINI ILI MOŽETE TO UČINITI SAMI.

CHUTNEY
½ šalice nezaslađenog soka od nara
1 žlica svježeg soka od limuna
1 ljutika oguljena i tanko narezana na kolutove
1 žličica sitno naribane narančine kore
⅓ šalice nasjeckanih Medjool datulja
¼ žličice mljevene crvene paprike
¼ šalice šipka*
1 žlica maslinovog ulja
1 žlica nasjeckanog svježeg talijanskog (plosnatog) peršina

JANJEĆI KOTLETI
2 žlice maslinovog ulja
8 janjećih kotleta po francuskoj

1. Za chutney, u maloj tavi pomiješajte sok od nara, limunov sok i ljutiku. Dovesti do vrenja; smanjiti toplinu. Pirjajte nepoklopljeno 2 minute. Dodajte narančinu koricu, datulje i mljevenu crvenu papriku. Pustite da odstoji dok se ne ohladi, oko 10 minuta. Umiješajte šipak, 1 žlicu maslinovog ulja i peršin. Ostavite sa strane na sobnoj temperaturi do posluživanja.

2. Za kotlete, u velikoj tavi zagrijte 2 žlice maslinovog ulja na srednje jakoj vatri. Radeći u serijama, dodajte kotlete u tavu i kuhajte ih 6 do 8 minuta za srednje pečeno (145°F), okrećući ih jednom. Vrhnje kotlete s ajvarom.

*Napomena: Svježi šipak i njegove sjemenke dostupni su od listopada do veljače. Ako ih ne možete pronaći, upotrijebite nezaslađene osušene sjemenke da dodate hrskavost ajvaru.

CHIMICHURRI KOTLETI OD JANJEĆEG LUNGIĆA S PIRJANIM SLAMOM OD RADIČA

PRIPREMA:30 minuta mariniranja: 20 minuta kuhanja: 20 minuta čini: 4 porcije

U ARGENTINI JE CHIMICHURRI NAJPOPULARNIJI ZAČINUZ POZNATI ODREZAK NA ŽARU U TOJ ZEMLJI U GAUČO STILU. POSTOJI MNOGO VARIJACIJA, ALI GUSTI UMAK OD ZAČINSKOG BILJA OBIČNO SE SASTOJI OD PERŠINA, CILANTRA ILI ORIGANA, LJUTIKE I/ILI ČEŠNJAKA, MLJEVENE CRVENE PAPRIKE, MASLINOVOG ULJA I CRVENOG VINSKOG OCTA. IZVRSTAN JE NA PEČENOM ODRESKU, ALI JEDNAKO BRILJANTAN NA PEČENIM ILI U TAVI PEČENIM JANJEĆIM KOTLETIMA, PILETINI I SVINJETINI.

8 janjećih kotleta debljine 1 inča
½ šalice Chimichurri umaka (vidirecept)
2 žlice maslinovog ulja
1 glavica slatkog luka prepolovljena i narezana
1 žličica zgnječenih sjemenki kumina*
1 režanj češnjaka, samljeven
1 glavica radiča, očišćena od jezgre i narezana na tanke vrpce
1 žlica balzamičnog octa

1. Stavite janjeće kotlete u iznimno veliku zdjelu. Prelijte s 2 žlice Chimichurri umaka. Prstima utrljajte umak po cijeloj površini svakog kotleta. Ostavite kotlete da se mariniraju na sobnoj temperaturi 20 minuta.

2. U međuvremenu, za pirjanu salatu od radiča, u posebno velikoj tavi zagrijte 1 žlicu maslinovog ulja. Dodajte luk, sjemenke kumina i češnjak; kuhajte 6 do 7 minuta ili dok luk ne omekša, često miješajući. Dodati radič; kuhajte 1 do

2 minute ili dok radič lagano ne uvene. Prebacite salatu u veliku zdjelu. Dodajte balsamico ocat i dobro promiješajte da se sjedini. Pokrijte i držite na toplom.

3. Obrišite tavu. Dodajte preostalu 1 žlicu maslinovog ulja u tavu i zagrijte na srednje jakoj vatri. Dodajte janjeće kotlete; smanjite toplinu na srednju. Kuhajte 9 do 11 minuta ili do željene spremnosti, povremeno okrećući kotlete hvataljkama.

4. Poslužite kotlete sa salatom i preostalim umakom Chimichurri.

*Napomena: Za usitnjavanje sjemenki kima upotrijebite mužar i tučak—ili stavite sjemenke na dasku za rezanje i zdrobite ih kuharskim nožem.

JANJEĆI KOTLETI NARIBANI SARDELJOM I KADULJOM S REMULADOM OD MRKVE I BATATA

PRIPREMA:12 minuta hlađenje: 1 do 2 sata roštiljanje: 6 minuta čini: 4 porcije

POSTOJE TRI VRSTE JANJEĆIH KOTLETA.DEBELI I MESNATI KOTLETI OD SLABINA IZGLEDAJU POPUT MALIH ODREZAKA S T-BONE. KOTLETI OD REBARA—KOJI SE OVDJE POZIVAJU—STVARAJU SE REZANJEM IZMEĐU KOSTIJU REŠETKE JANJETINE. VRLO SU NJEŽNI I IMAJU DUGU, PRIVLAČNU KOST SA STRANE. ČESTO SE POSLUŽUJU PEČENI U TAVI ILI NA ŽARU. POVOLJNI ODRESCI OD LOPATICA MALO SU MASNIJI I MANJE NJEŽNI OD DRUGE DVIJE VRSTE. NAJBOLJE SU ZAPEČENE, A ZATIM PIRJANE U VINU, TEMELJCU I RAJČICAMA—ILI NEKOJ NJIHOVOJ KOMBINACIJI.

- 3 srednje mrkve, grubo nasjeckane
- 2 mala slatka krumpira, narezana na julienne* ili grubo nasjeckana
- ½ šalice Paleo Mayo (vidi recept)
- 2 žlice svježeg soka od limuna
- 2 žličice Dijon senfa (vidi recept)
- 2 žlice nasjeckanog svježeg peršina
- ½ žličice crnog papra
- 8 janjećih rebara, izrezanih ½ do ¾ inča debljine
- 2 žlice narezane svježe kadulje ili 2 žličice sušene kadulje, zdrobljene
- 2 žličice mljevene ancho čili papričice
- ½ žličice češnjaka u prahu

1. Za remuladu, u srednjoj zdjeli pomiješajte mrkvu i slatki krumpir. U maloj posudi pomiješajte Paleo Mayo, limunov sok, Dijon-Style senf, peršin i crni papar. Prelijte preko

mrkve i batata; baciti na kaput. Pokrijte i ohladite 1 do 2 sata.

2. U međuvremenu, u maloj posudi pomiješajte kadulju, ancho chile i češnjak u prahu. Mješavinu začina utrljajte na janjeće kotlete.

3. Za roštilj na ugljen ili plin stavite janjeće kotlete na rešetku roštilja izravno na srednju vatru. Pokrijte i pecite na žaru 6 do 8 minuta za srednje pečeno (145°F) ili 10 do 12 minuta za srednje pečeno (150°F), okrećite jednom na pola pečenja.

4. Uz remuladu poslužite janjeće kotlete.

*Napomena: Za rezanje batata koristite mandolinu s nastavkom za julienne.

JANJEĆI KOTLETI S LUKOM, MENTOM I ORIGANOM

PRIPREMA: 20 minuta mariniranja: 1 do 24 sata pečenja: 40 minuta roštilja: 12 minuta
čini: 4 porcije

KAO I KOD VEĆINE MARINIRANOG MESA, ŠTO DULJE OSTAVITE UTRLJAVANJE ZAČINA NA JANJEĆE KOTLETE PRIJE KUHANJA, TO ĆE ONI BITI UKUSNIJI. POSTOJI IZNIMKA OD OVOG PRAVILA, A TO JE KADA KORISTITE MARINADU KOJA SADRŽI JAKO KISELE SASTOJKE KAO ŠTO SU SOK OD CITRUSA, OCAT I VINO. AKO MESO PREDUGO OSTAVITE U KISELOJ MARINADI, POČINJE SE RASPADATI I POSTAJE KAŠASTO.

JANJETINA
- 2 žlice sitno nasjeckane ljutike
- 2 žlice sitno nasjeckane svježe metvice
- 2 žlice sitno nasjeckanog svježeg origana
- 5 žličica mediteranskog začina (vidi recept)
- 4 žličice maslinovog ulja
- 2 češnja češnjaka, mljevena
- 8 janjećih rebara, izrezanih otprilike 1 inč debljine

SALATA
- ¾ funte mlade cikle, obrezane
- 1 žlica maslinovog ulja
- ¼ šalice svježeg soka od limuna
- ¼ šalice maslinovog ulja
- 1 žlica sitno nasjeckane ljutike
- 1 žličica Dijon senfa (vidi recept)
- 6 šalica miješanog zeleniša
- 4 žličice nasjeckanog vlasca

1. Za janjetinu u maloj posudi pomiješajte 2 žlice ljutike, mentu, origano, 4 žličice mediteranskog začina i 4 žličice maslinovog ulja. Pospite rubljem preko svih strana janjećih kotleta; utrljajte prstima. Stavite kotlete na tanjur; pokrijte plastičnom folijom i ostavite u hladnjaku najmanje 1 sat ili do 24 sata da se marinira.

2. Za salatu zagrijte pećnicu na 400°F. Dobro oribajte ciklu; izrezati na klinove. Stavite u posudu za pečenje od 2 litre. Pokapajte s 1 žlicom maslinovog ulja. Posudu pokriti folijom. Pecite oko 40 minuta ili dok cikla ne omekša. Potpuno ohladiti. (Cvekla se može peći do 2 dana unaprijed.)

3. U staklenku s poklopcem na navoj pomiješajte sok od limuna, ¼ šalice maslinovog ulja, 1 žlicu ljutike, Dijon senf i preostalu 1 žličicu mediteranskih začina. Poklopiti i dobro protresti. U zdjelu za salatu pomiješajte ciklu i zelje; prelijte s malo vinaigrettea.

4. Za roštilj na ugljen ili plin, stavite kotlete na podmazanu rešetku roštilja izravno na srednju vatru. Pokrijte i pecite na žaru do željene pečenosti, okrećući jednom na pola pečenja. Ostavite 12 do 14 minuta za srednje pečeno (145°F) ili 15 do 17 minuta za srednje pečeno (160°F).

5. Za posluživanje stavite 2 janjeća kotleta i malo salate na svaki od četiri tanjura za posluživanje. Pospite vlascem. Propasirajte preostali vinaigrette.

JANJEĆI HAMBURGERI PUNJENI U VRTU S KULISOM OD CRVENE PAPRIKE

PRIPREMA:20 minuta stajanja: 15 minuta roštilja: 27 minuta čini: 4 porcije

COULIS NIJE NIŠTA VIŠE OD JEDNOSTAVNOG, GLATKOG UMAKAOD PASIRANOG VOĆA ILI POVRĆA. SVIJETLI I LIJEPI UMAK OD CRVENE PAPRIKE ZA OVE JANJEĆE HAMBURGERE DOBIVA DVOSTRUKU DOZU DIMA - OD PEČENJA NA ŽARU I OD KOMADIĆA DIMLJENE PAPRIKE.

KULIS OD CRVENE PAPRIKE
1 veća crvena slatka paprika
1 žlica suhog bijelog vina ili bijelog vinskog octa
1 žličica maslinovog ulja
½ žličice dimljene paprike

HAMBURGERI
¼ šalice narezanih nesumporiranih suhih rajčica
¼ šalice nasjeckanih tikvica
1 žlica nasjeckanog svježeg bosiljka
2 žličice maslinovog ulja
½ žličice crnog papra
1½ funte mljevene janjetine
1 bjelanjak, lagano tučen
1 žlica mediteranskog začina (vidi<u>recept</u>)

1. Za couli s crvenom paprikom, stavite crvenu papriku na rešetku roštilja izravno na srednju vatru. Pokrijte i pecite na roštilju 15 do 20 minuta ili dok ne pougljeni i ne omekša, okrećući papriku otprilike svakih 5 minuta da pougljeni sa svake strane. Maknite s roštilja i odmah stavite u papirnatu vrećicu ili foliju da u potpunosti

prekrije papriku. Ostavite stajati 15 minuta ili dok se dovoljno ne ohladi za rukovanje. Oštrim nožem nježno skinite kore i bacite ih. Narežite papriku na četvrtine po dužini i uklonite peteljke, sjemenke i opne. U sjeckalici pomiješajte pečenu papriku, vino, maslinovo ulje i dimljenu papriku. Pokrijte i obradite ili miksajte dok ne postane glatko.

2. U međuvremenu za nadjev stavite sušene rajčice u manju posudu i prelijte kipućom vodom. Ostavite stajati 5 minuta; odvoditi. Posušite rajčice i narezane tikvice papirnatim ručnicima. U maloj posudi pomiješajte rajčice, tikvice, bosiljak, maslinovo ulje i ¼ žličice crnog papra; Staviti na stranu.

3. U velikoj zdjeli pomiješajte mljevenu janjetinu, bjelanjak, preostalu ¼ žličice crnog papra i mediteranski začin; dobro promiješajte. Podijelite mesnu smjesu na osam jednakih dijelova i svaki oblikujte u pljeskavicu debljine ¼ inča. Žlicom nanesite nadjev na četiri pljeskavice; na vrh stavite preostale pljeskavice i stisnite rubove kako biste zatvorili nadjev.

4. Stavite pljeskavice na rešetku roštilja izravno na srednju vatru. Pokrijte i pecite na roštilju 12 do 14 minuta ili dok ne bude gotovo (160°F), okrećite jednom na pola pečenja.

5. Za posluživanje hamburgere pospite coulijem od crvene paprike.

JANJEĆI ĆEVAPI S DUPLIM ORIGANOM I TZATZIKI UMAKOM

UPITI:30 minuta priprema: 20 minuta hlađenje: 30 minuta roštilj: 8 minuta čini: 4 porcije

OVI JANJEĆI ĆEVAPI SU U BITIONO ŠTO JE POZNATO KAO KOFTA NA MEDITERANU I BLISKOM ISTOKU—ZAČINJENO MLJEVENO MESO (OBIČNO JANJETINA ILI GOVEDINA) OBLIKUJE SE U KUGLICE ILI OKO RAŽNJA, A ZATIM SE PEČE NA ŽARU. SVJEŽI I SUŠENI ORIGANO DAJU IM ODLIČAN GRČKI OKUS.

8 drvenih ražnjića od 10 inča

JANJEĆI ĆEVAPI
- 1½ funte nemasne mljevene janjetine
- 1 manja glavica luka narendati i osušiti
- 1 žlica narezanog svježeg origana
- 2 žličice sušenog origana, zdrobljenog
- 1 žličica crnog papra

TZATZIKI UMAK
- 1 šalica Paleo Mayo (vidi_recept_)
- ½ većeg krastavca, očišćenog od sjemenki, narezanog i ocijeđenog
- 2 žlice svježeg soka od limuna
- 1 režanj češnjaka, samljeven

1. Namočite ražnjiće u dovoljno vode da ih pokrije 30 minuta.

2. Za janjeće ćevape u većoj zdjeli pomiješajte mljevenu janjetinu, luk, svježi i sušeni origano i papar; dobro promiješajte. Janjeću smjesu podijelite na osam jednakih dijelova. Svaki dio oblikujte oko polovice ražnjića, stvarajući trupac veličine 5×1 inča. Pokrijte i ohladite najmanje 30 minuta.

3. U međuvremenu, za Tzatziki umak, u maloj posudi pomiješajte Paleo Mayo, krastavac, limunov sok i češnjak. Pokrijte i ohladite do posluživanja.

4. Za roštilj na ugljen ili plin, janjeće ćevape stavite na rešetku roštilja izravno na srednju vatru. Pokrijte i pecite oko 8 minuta na srednjoj razini (160°F), okrećite jednom na pola pečenja.

5. Janjeće ćevape poslužite s Tzatziki umakom.

PEČENA PILETINA SA ŠAFRANOM I LIMUNOM

PRIPREMA: 15 minuta hlađenje: 8 sati pečenje: 1 sat 15 minuta stajanje: 10 minuta čini: 4 porcije

ŠAFRAN SU OSUŠENI PRAŠNICIVRSTE CVIJETA ŠAFRANA. SKUPO JE, ALI MALO IDE DALEKO. OVOM PEČENOM PILETU S HRSKAVOM KOŽOM DODAJE SVOJ ZEMLJANI, OSEBUJNI OKUS I PREKRASNU ŽUTU NIJANSU.

1 cijelo pile od 4 do 5 funti

3 žlice maslinovog ulja

6 češnja češnjaka, zgnječenih i oguljenih

1½ žlice sitno naribane kore limuna

1 žlica svježeg timijana

1½ žličice mljevenog crnog papra

½ žličice šafranovih niti

2 lista lovora

1 limun, narezan na četvrtine

1. Izvadite vrat i iznutrice s pileta; odbaciti ili sačuvati za drugu upotrebu. Isperite šupljinu pilećeg tijela; osušite papirnatim ručnicima. Odrežite višak kože ili masnoće s piletine.

2. U sjeckalici pomiješajte maslinovo ulje, češnjak, koricu limuna, majčinu dušicu, papar i šafran. Postupite tako da dobijete glatku pastu.

3. Prstima utrljajte pastu preko vanjske površine piletine i unutarnje šupljine. Prebacite piletinu u veliku zdjelu; poklopite i ostavite u hladnjaku najmanje 8 sati ili preko noći.

4. Zagrijte pećnicu na 425°F. Stavite četvrtine limuna i listove lovora u pileću šupljinu. Vežite noge kuhinjskom uzicom od 100% pamuka. Gurnite krilca ispod piletine. Umetnite termometar za meso u unutarnju stranu bedrenog mišića bez dodirivanja kosti. Stavite piletinu na rešetku u velikoj posudi za pečenje.

5. Pecite 15 minuta. Smanjite temperaturu pećnice na 375°F. Pecite još oko 1 sat ili dok sok ne počne biti bistar i termometar ne zabilježi 175°F. Šatorska piletina s folijom. Pustite da odstoji 10 minuta prije rezanja.

PEČENA PILETINA S JICAMA SLATOM

PRIPREMA:40 minuta roštilja: 1 sat 5 minuta stajanja: 10 minuta čini: 4 porcije

"SPATCHCOCK" JE STARI IZRAZ ZA KUHANJEKOJI SE NEDAVNO VRATIO U UPOTREBU ZA OPISIVANJE PROCESA CIJEPANJA MALE PTICE—KAO ŠTO JE PILETINA ILI CORNISH KOKOŠ—DOLJE PO LEĐIMA I ZATIM OTVARANJA I SPLJOŠTAVANJA POPUT KNJIGE KAKO BI SE BRŽE I RAVNOMJERNIJE ISPEKLA. SLIČAN JE LEPTIRU, ALI SE ODNOSI SAMO NA PERAD.

PILETINA
- 1 poblano čili
- 1 žlica sitno nasjeckane ljutike
- 3 češnja češnjaka, nasjeckana
- 1 žličica sitno naribane kore limuna
- 1 žličica sitno nasjeckane korice limete
- 1 žličica začina Smoky (vidi recept)
- ½ žličice sušenog origana, zdrobljenog
- ½ žličice mljevenog kima
- 1 žlica maslinovog ulja
- 1 cijelo pile od 3 do 3½ funte

SLAW
- ½ srednje velike jicama, oguljene i narezane na julienne trake (oko 3 šalice)
- ½ šalice tanko narezanog mladog luka (4)
- 1 Granny Smith jabuka, oguljena, izvadite jezgru i narezana na julienne trake
- ⅓ šalice narezanog svježeg cilantra
- 3 žlice svježeg soka od naranče
- 3 žlice maslinovog ulja
- 1 čajna žličica začina limuna (vidi recept)

1. Za roštilj na drveni ugljen rasporedite srednje vruće ugljene s jedne strane roštilja. Stavite posudu za skupljanje vode

ispod prazne strane roštilja. Stavite poblano na rešetku roštilja izravno na srednji ugljen. Pokrijte i pecite na roštilju 15 minuta ili dok poblano ne pougljeni sa svih strana, povremeno ga okrećući. Poblano odmah zamotati u foliju; neka odstoji 10 minuta. Otvoriti foliju i prerezati poblano po dužini na pola; uklonite peteljke i sjemenke (vidi<u>Savjet</u>). Oštrim nožem nježno ogulite kožu i bacite. Poblano sitno nasjeckajte. (Za plinski roštilj, prethodno zagrijte roštilj; smanjite toplinu na srednju. Podesite za neizravno kuhanje. Pecite kao gore na plameniku koji je uključen.)

2. Za utrljavanje, u maloj posudi pomiješajte poblano, ljutiku, češnjak, koricu limuna, koricu limete, začin Smoky, origano i kumin. Umiješajte ulje; dobro promiješajte da napravite pastu.

3. Za spatchcock piletinu, uklonite vrat i iznutrice s piletine (sačuvajte za drugu upotrebu). Stavite piletinu s prsima prema dolje na dasku za rezanje. Kuhinjskim škarama uzdužno zarežite jednu stranu kralježnice, počevši od kraja vrata. Ponovite uzdužni rez na suprotnu stranu kralježnice. Uklonite i bacite okosnicu. Okrenite piletinu s kožom prema gore. Pritisnite između prsa kako biste slomili prsnu kost tako da piletina leži ravno.

4. Počevši od vrata na jednoj strani dojke, kliznite prstima između kože i mesa, opuštajući kožu dok radite prema bedru. Oslobodite kožu oko bedara. Ponovite na drugu stranu. Prstima razmažite meso ispod kožice piletine.

5. Stavite piletinu, s prsima prema dolje, na rešetku za roštilj iznad posude za skupljanje vode. Utežite s dvije cigle

omotane folijom ili velikom tavom od lijevanog željeza. Poklopite i pecite na roštilju 30 minuta. Okrenite piletinu, stranom s kostima prema dolje, na rešetku, ponovno ga utegnite ciglama ili tavom. Pecite poklopljeno na roštilju još oko 30 minuta ili dok piletina više ne bude ružičasta (175°F u bedrenom mišiću). Uklonite piletinu s roštilja; neka odstoji 10 minuta. (Za plinski roštilj, stavite piletinu na rešetku roštilja dalje od topline. Pecite kao gore.)

6. U međuvremenu, za slat, u velikoj zdjeli pomiješajte jicama, mladi luk, jabuku i cilantro. U maloj zdjeli pomiješajte sok od naranče, ulje i začin od limuna. Prelijte smjesu jicama i promiješajte da se premaže. Uz slamu poslužite piletinu.

PEČENA PILEĆA STRAŽNJA ČETVRTINA S VOTKOM, MRKVOM I UMAKOM OD RAJČICE

PRIPREMA: 15 minuta kuhanja: 15 minuta pečenja: 30 minuta čini: 4 porcije

VODKA SE MOŽE NAPRAVITI OD NEKOLIKORAZLIČITE NAMIRNICE, UKLJUČUJUĆI KRUMPIR, KUKURUZ, RAŽ, PŠENICU I JEČAM — ČAK I GROŽĐE. IAKO NEMA PUNO VOTKE U OVOM UMAKU KADA GA PODIJELITE NA ČETIRI PORCIJE, TRAŽITE DA VOKDA NAPRAVLJENA OD KRUMPIRA ILI GROŽĐA BUDE PALEO USKLAĐENA.

3 žlice maslinovog ulja

4 stražnje četvrtine s kostima ili mesnati komadići piletine s kožom

1 limenka od 28 unci rajčice šljive bez dodane soli, ocijeđene

½ šalice sitno nasjeckanog luka

½ šalice sitno nasjeckane mrkve

3 češnja češnjaka, nasjeckana

1 žličica mediteranskog začina (vidi recept)

⅛ žličice kajenskog papra

1 grančica svježeg ružmarina

2 žlice votke

1 žlica nasjeckanog svježeg bosiljka (po želji)

1. Zagrijte pećnicu na 375°F. U posebno velikoj tavi zagrijte 2 žlice ulja na srednje jakoj vatri. Dodati piletinu; kuhajte oko 12 minuta ili dok ne porumene, ravnomjerno posmeđujući. Stavite tavu u prethodno zagrijanu pećnicu. Pecite nepoklopljeno 20 minuta.

2. U međuvremenu, za umak, kuhinjskim škarama narežite rajčice. U srednje velikoj tavi zagrijte preostalu 1 žlicu ulja

na srednjoj vatri. Dodajte luk, mrkvu i češnjak; kuhajte 3 minute ili dok ne omekša, često miješajući. Umiješajte narezane rajčice, mediteranske začine, kajenski papar i grančicu ružmarina. Dovedite do vrenja na srednje jakoj vatri; smanjiti toplinu. Pirjajte nepoklopljeno 10 minuta uz povremeno miješanje. Umiješajte votku; kuhajte još 1 minutu; uklonite i bacite grančicu ružmarina.

3. Prelijte umak preko piletine u tavi. Vratite tavu u pećnicu. Pecite poklopljeno još oko 10 minuta ili dok piletina ne omekša i ne postane više ružičasta (175°F). Po želji pospite bosiljkom.

POULET RÔTI I RUTABAGA FRITES

PRIPREMA: 40 minuta pečenja: 40 minuta čini: 4 porcije

HRSKAVI POMFRIT OD RUTABAGE JE UKUSAN POSLUŽUJU SE S PEČENOM PILETINOM I PRATEĆIM SOKOVIMA ZA KUHANJE—ALI JEDNAKO SU UKUSNI PRIPREMLJENI SAMI I POSLUŽENI S PALEO KEČAPOM (VIDI<u>RECEPT</u>) ILI POSLUŽEN NA BELGIJSKI NAČIN S PALEO AÏOLI (MAJONEZA S ČEŠNJAKOM, VIDI<u>RECEPT</u>).

6 žlica maslinovog ulja

1 žlica mediteranskog začina (vidi<u>recept</u>)

4 pileća batka s kostima, bez kože (ukupno oko 1¼ funte)

4 pileća batka, oguljena (ukupno oko 1 funta)

1 šalica suhog bijelog vina

1 šalica juhe od pileće kosti (vidi<u>recept</u>) ili pileća juha bez dodatka soli

1 manji luk, narezan na četvrtine

Maslinovo ulje

1½ do 2 funte rutabaga

2 žlice nasjeckanog svježeg vlasca

Crni papar

1. Zagrijte pećnicu na 400°F. U maloj posudi pomiješajte 1 žlicu maslinovog ulja i mediteranske začine; utrljajte na komade piletine. U posebno velikoj tavi za pećnicu zagrijte 2 žlice ulja. Dodajte komade piletine, mesnate strane prema dolje. Kuhajte bez poklopca oko 5 minuta ili dok ne porumene. Uklonite tavu s vatre. Okrenite komade piletine, zapečene strane prema gore. Dodajte vino, juhu od pilećih kostiju i luk.

2. Stavite tavu u pećnicu na srednju rešetku. Pecite nepokriveno 10 minuta.

3. Za to vrijeme veliki lim za pečenje lagano premažite maslinovim uljem; Staviti na stranu. Rutabagas oguliti. Oštrim nožem narežite rutabagas na kriške od ½ inča. Narežite kriške po dužini na trake od ½ inča. U velikoj zdjeli pomiješajte trakice rutabage s preostale 3 žlice ulja. Raširite trake rutabage u jednom sloju na pripremljeni lim za pečenje; stavite u pećnicu na gornju rešetku. Pecite 15 minuta; okrenuti pomfrit. Pecite piletinu još 10 minuta ili dok više ne bude ružičasta (175°F). Izvadite piletinu iz pećnice. Pecite pomfrit 5 do 10 minuta ili dok ne porumene i ne omekšaju.

4. Izvadite piletinu i luk iz tave, ostavite sokove. Pokrijte piletinu i luk da ostanu topli. Donesite sokove do vrenja na srednjoj vatri; smanjiti toplinu. Pirjajte nepoklopljeno još oko 5 minuta ili dok se sok malo ne smanji.

5. Za posluživanje prelijte pomfrit vlascem i začinite paprom. Poslužite piletinu sa sokom od kuhanja i pomfritom.

COQ AU VIN S TROSTRUKIM GLJIVAMA I PIREOM OD VLASCA

PRIPREMA: 15 minuta kuhanja: 1 sat i 15 minuta čini: 4 do 6 porcija

AKO IMA GRIZA U POSUDI NAKON NAMAKANJA SUHIH GLJIVA — A VJEROJATNO ĆE IH BITI — PROCIJEDITE TEKUĆINU KROZ DVOSTRUKU DEBLJINU GAZE POSTAVLJENU U CJEDILO S FINOM MREŽICOM.

1 unca suhih vrganja ili gljiva smrčak

1 šalica kipuće vode

2 do 2½ funte pilećih bataka i bataka, oguljenih

Crni papar

2 žlice maslinovog ulja

2 srednja poriluka prepoloviti po dužini, oprati i narezati na tanke ploške

2 gljive portobello, narezane na ploške

8 unci svježih gljiva bukovača, očišćenih od peteljki i narezanih ili narezanih svježih šampinjona

¼ šalice paste od rajčice bez dodane soli

1 žličica sušenog mažurana, zdrobljenog

½ žličice mljevenog osušenog timijana

½ šalice suhog crnog vina

6 šalica juhe od pileće kosti (vidi recept) ili pileća juha bez dodatka soli

2 lista lovora

2 do 2½ funte rutabaga, oguljenih i nasjeckanih

2 žlice nasjeckanog svježeg vlasca

½ žličice crnog papra

Narezani svježi timijan (po želji)

1. U maloj posudi pomiješajte vrganje i kipuću vodu; neka odstoji 15 minuta. Izvadite gljive i ostavite tekućinu za namakanje. Nasjeckajte gljive. Ostavite gljive i tekućinu za namakanje sa strane.

2. Piletinu pospite paprom. U posebno velikoj tavi s poklopcem koji čvrsto prianja, zagrijte 1 žlicu maslinovog ulja na srednje jakoj vatri. Kuhajte komade piletine, u dvije serije, na vrućem ulju oko 15 minuta dok lagano ne porumene, okrećući jednom. Izvadite piletinu iz tave. Umiješajte poriluk, portobello gljive i bukovače. Kuhajte 4 do 5 minuta ili samo dok gljive ne počnu smeđiti, povremeno miješajući. Umiješajte pastu od rajčice, mažuran i timijan; kuhati i miješati 1 minutu. Umiješajte vino; kuhati i miješati 1 minutu. Umiješajte 3 šalice juhe od pilećih kostiju, listove lovora, ½ šalice sačuvane tekućine za namakanje gljiva i rehidrirane nasjeckane gljive. Vratite piletinu u tavu. Dovesti do vrenja; smanjiti toplinu. Pirjajte poklopljeno oko 45 minuta ili dok piletina ne omekša, okrećući piletinu jednom na pola kuhanja.

3. U međuvremenu, u velikom loncu pomiješajte rutabagas i preostale 3 šalice juhe. Ako je potrebno, dodajte vode da samo prekrije rutabagas. Dovesti do vrenja; smanjiti toplinu. Pirjajte nepoklopljeno 25 do 30 minuta ili dok rutabagas ne omekša, povremeno miješajući. Ocijedite rutabagas, sačuvajte tekućinu. Vratite rutabagas u lonac. Dodajte preostalu 1 žlicu maslinovog ulja, vlasac i ½ žličice papra. Gnječilicom za krumpir zgnječite smjesu rutabage, dodajući tekućinu od kuhanja koliko je potrebno da dobijete željenu gustoću.

4. Uklonite lovor iz pileće smjese; odbaciti. Poslužite piletinu i umak preko pirea od rutabaga. Po želji pospite svježim timijanom.

BATAKI GLAZIRANI RAKIJOM OD BRESKVE

PRIPREMA: 30 minuta roštilja: 40 minuta čini: 4 porcije

OVE PILEĆE NOGICE SU SAVRŠENE S HRSKAVOM SLANINOM I ZAČINJENIM KRUMPIRIĆIMA PEČENIM U PEĆNICI PREMA RECEPTU ZA SVINJSKU LOPATICU NARIBANU TUNISKIM ZAČINIMA (VIDI RECEPT). OVDJE SU PRIKAZANI S HRSKAVIM SLASTICAMA OD KUPUSA S ROTKVICAMA, MANGOM I MENTOM (VIDI RECEPT).

GLAZURA OD BRESKVE I RAKIJE
1 žlica maslinovog ulja
½ šalice nasjeckanog luka
2 svježe srednje breskve, prepolovljene, bez koštica i nasjeckane
2 žlice rakije
1 šalica BBQ umaka (vidi recept)
8 pilećih bataka (ukupno 2 do 2½ funte), oguljenih po želji

1. Za glazuru, u srednjoj tavi zagrijte maslinovo ulje na srednje jakoj vatri. Dodajte luk; kuhajte oko 5 minuta ili dok ne omekša, povremeno miješajući. Dodajte breskve. Poklopite i kuhajte 4 do 6 minuta ili dok breskve ne omekšaju, povremeno miješajući. Dodajte rakiju; kuhajte nepoklopljeno 2 minute uz povremeno miješanje. Malo prohladite. Prebacite smjesu breskvi u blender ili procesor hrane. Pokrijte i izmiksajte ili obradite dok ne postane glatko. Dodajte BBQ umak. Pokrijte i izmiksajte ili obradite dok ne postane glatko. Vratiti umak u lonac. Kuhajte na srednje niskoj vatri samo dok se ne zagrije. Prebacite ¾ šalice umaka u malu zdjelu za premazivanje

piletine. Preostali umak ostavite na toplom za posluživanje uz piletinu na žaru.

2. Za roštilj na drveni ugljen rasporedite srednje vruće ugljene oko posude za skupljanje tekućine. Testirajte na srednjoj temperaturi iznad tave. Stavite pileće batake na rešetku roštilja iznad posude za skupljanje vode. Pokrijte i pecite na roštilju 40 do 50 minuta ili dok piletina više ne bude ružičasta (175°F), okrenite jednom na pola pečenja i premažite ¾ šalice glazure od breskve i rakije zadnjih 5 do 10 minuta pečenja. (Za plinski roštilj, prethodno zagrijte roštilj. Smanjite toplinu na srednju. Podesite toplinu za neizravno kuhanje. Dodajte pileće batake na rešetku za roštilj koja nije na vatri. Poklopite i pecite prema uputama.)

PILETINA MARINIRANA U ČILEU SA SALATOM OD MANGA I DINJE

PRIPREMA: 40 minuta hlađenje/mariniranje: 2 do 4 sata roštiljanje: 50 minuta čini: 6 do 8 porcija

ANCHO CHILE JE SUŠENI POBLANO— SJAJNI, TAMNOZELENI ČILI S INTENZIVNO SVJEŽIM OKUSOM. ANCHO CHILES IMA BLAGO VOĆNI OKUS S NATRUHOM ŠLJIVE ILI GROŽĐICA I TEK TRUNKOM GORČINE. NEW MEXICO CHILES MOŽE BITI UMJERENO LJUT. TO SU TAMNOCRVENI ČILI ČILI KOJE VIDITE SKUPLJENE U HRPE I VISEĆI U RISTRASIMA - ŠARENIM ARANŽMANIMA SUŠENIH ČILIJA - U DIJELOVIMA JUGOZAPADA.

PILETINA
- 2 sušena New Mexico čilija
- 2 sušena ancho čilija
- 1 šalica kipuće vode
- 3 žlice maslinovog ulja
- 1 veliki slatki luk, oguljen i narezan na deblje ploške
- 4 roma rajčice, bez jezgre
- 1 žlica mljevenog češnjaka (6 češnja)
- 2 žličice mljevenog kima
- 1 žličica sušenog origana, zdrobljenog
- 16 pilećih bataka

SALATA
- 2 šalice kockica dinje
- 2 šalice kockica medovače
- 2 šalice manga narezanog na kockice
- ¼ šalice svježeg soka od limete
- 1 žličica čilija u prahu
- ½ žličice mljevenog kima

¼ šalice narezanog svježeg cilantra

1. Za piletinu, uklonite stabljike i sjemenke iz osušenih New Mexico i ancho chilesa. Zagrijte veliku tavu na srednje jakoj vatri. Tostirajte čili u tavi 1 do 2 minute ili dok ne zamiriše i lagano se ispeče. Stavite tostirani čili u malu zdjelu; dodajte kipuću vodu u zdjelu. Pustite da stoji najmanje 10 minuta ili dok ne bude spreman za upotrebu.

2. Zagrijte brojler. Lim za pečenje obložite folijom; premažite 1 žlicom maslinovog ulja preko folije. Na tavu stavite kriške luka i rajčice. Pecite oko 4 inča od topline 6 do 8 minuta ili dok ne omekša i ne pougljeni. Ocijedite čili, čuvajući vodu.

3. Za marinadu, u blenderu ili procesoru hrane pomiješajte čili, luk, rajčice, češnjak, kumin i origano. Pokrijte i miksajte ili obradite dok ne dobijete glatku smjesu, dodajući rezervisanu vodu prema potrebi za pire i postizanje željene konzistencije.

4. Stavite piletinu u veliku plastičnu vrećicu koja se može zatvoriti u plitku posudu. Prelijte marinadu preko piletine u vrećici, okrećući vrećicu da se ravnomjerno prekrije. Marinirajte u hladnjaku 2 do 4 sata, povremeno okrećući vrećicu.

5. Za salatu, u iznimno velikoj zdjeli pomiješajte dinju, medovku, mango, sok limete, preostale 2 žlice maslinovog ulja, čili u prahu, kumin i cilantro. Bacite na kaput. Pokrijte i ohladite 1 do 4 sata.

6. Za roštilj na drveni ugljen rasporedite srednje vruće ugljene oko posude za skupljanje tekućine. Testirajte na srednje jakoj vatri iznad posude. Ocijedite piletinu, sačuvajte

marinadu. Stavite piletinu na rešetku roštilja iznad posude za skupljanje vode. Premažite piletinu velikodušno malo marinade koju ste spremili (izbacite dodatnu marinadu). Pokrijte i pecite na roštilju 50 minuta ili dok piletina više ne bude ružičasta (175°F), okrećite jednom na pola pečenja. (Za plinski roštilj, prethodno zagrijte roštilj. Smanjite toplinu na srednju. Podesite za neizravno kuhanje. Nastavite prema uputama, stavljajući piletinu na plamenik koji je isključen.) Poslužite pileće batake sa salatom.

TANDOORI STIL PILEĆIH BATAKA S RAITOM OD KRASTAVACA

PRIPREMA:20 minuta mariniranja: 2 do 24 sata pečenja: 25 minuta čini: 4 porcije

RAITA SE PRAVI OD INDIJSKIH ORAŠČIĆAVRHNJE, LIMUNOV SOK, MENTA, CILANTRO I KRASTAVAC. PRUŽA RASHLADNI KONTRAPUNKT VRUĆOJ I ZAČINJENOJ PILETINI.

PILETINA
1 glavica luka, narezana na tanke kriške
1 komad svježeg đumbira od 2 inča, oguljen i narezan na četvrtine
4 češnja češnjaka
3 žlice maslinovog ulja
2 žlice svježeg soka od limuna
1 žličica mljevenog kima
1 žličica mljevene kurkume
½ žličice mljevene pimente
½ žličice mljevenog cimeta
½ žličice crnog papra
¼ žličice kajenskog papra
8 pilećih bataka

KRASTAVAC RAITA
1 šalica kreme od indijskih oraščića (vidi[recept](#))
1 žlica svježeg soka od limuna
1 žlica narezane svježe metvice
1 žlica nasjeckanog svježeg cilantra
½ žličice mljevenog kima
⅛ žličice crnog papra
1 srednji krastavac, oguljen, bez sjemenki i narezan na kockice (1 šalica)
kriške limuna

1. U blenderu ili procesoru hrane pomiješajte luk, đumbir, češnjak, maslinovo ulje, limunov sok, kumin, kurkumu, piment, cimet, crni papar i kajenski papar. Pokrijte i izmiksajte ili obradite dok ne postane glatko.

2. Vrhom noža za guljenje probušite svaki batak četiri ili pet puta. Stavite batake u veliku plastičnu vrećicu koja se može zatvoriti u veliku zdjelu. Dodajte smjesu luka; pretvoriti se u kaput. Marinirajte u hladnjaku 2 do 24 sata, povremeno okrećući vrećicu.

3. Zagrijte brojlere. Izvadite piletinu iz marinade. Papirnatim ručnicima obrišite višak marinade s bataka. Rasporedite batake na rešetku nezagrijane posude za broilere ili lim za pečenje obložen folijom. Pecite 6 do 8 inča od izvora topline 15 minuta. Okrenite batake; pecite oko 10 minuta ili dok piletina više ne bude ružičasta (175°F).

4. Za raitu, u srednjoj zdjeli pomiješajte kremu od indijskih oraščića, limunov sok, metvicu, cilantro, kumin i crni papar. Lagano umiješajte krastavac.

5. Poslužite piletinu s raitom i kriškama limuna.

PILEĆI PAPRIKAŠ U KARIJU S KORJENASTIM POVRĆEM, ŠPAROGAMA I OKUSOM ZELENE JABUKE I MENTE

PRIPREMA: 30 minuta kuhanja: 35 minuta stajanja: 5 minuta čini: 4 porcije

2 žlice rafiniranog kokosovog ulja ili maslinovog ulja
2 kilograma pilećih prsa s kostima, oguljenih po želji
1 šalica nasjeckanog luka
2 žlice naribanog svježeg đumbira
2 žlice mljevenog češnjaka
2 žlice curry praha bez soli
2 žlice mljevenog jalapeña bez sjemenki (vidi Savjet)
4 šalice juhe od pileće kosti (vidi recept) ili pileća juha bez dodatka soli
2 srednja slatka krumpira (oko 1 funte), oguljena i nasjeckana
2 srednje repe (oko 6 unci), oguljene i nasjeckane
1 šalica rajčice narezane na kockice bez sjemenki
8 unci šparoga, obrezanih i narezanih na komade od 1 inča
1 konzerva prirodnog kokosovog mlijeka od 13,5 unci (kao što je Nature's Way)
½ šalice narezanog svježeg cilantra
Ukus od jabuke i mente (vidi recept, dolje)
Kriške limete

1. U nizozemskoj pećnici od 6 litara zagrijte ulje na srednje jakoj vatri. Smeđu piletinu u serijama na vrućem ulju, ravnomjerno posmeđujući, oko 10 minuta. Prebacite piletinu na tanjur; Staviti na stranu.

2. Uključite vatru na srednju. Dodajte luk, đumbir, češnjak, curry prah i jalapeño u lonac. Kuhajte i miješajte 5 minuta ili dok luk ne omekša. Umiješajte juhu od pilećih kostiju, slatki krumpir, repu i rajčicu. Vratite komade piletine u lonac, potopite piletinu u što više tekućine. Smanjite temperaturu na srednje nisku. Poklopite i pirjajte 30

minuta ili dok piletina više ne bude ružičasta, a povrće mekano. Umiješajte šparoge, kokosovo mlijeko i cilantro. Maknite s vatre. Neka odstoji 5 minuta. Odrežite piletinu od kostiju, ako je potrebno, ravnomjerno podijelite u zdjelice za posluživanje. Poslužite s okusom od jabuke i mente i kriškama limete.

Ukus od jabuke i mente: U sjeckalici usitnite ½ šalice nezaslađenih kokosovih pahuljica dok ne postanu praškaste. Dodajte 1 šalicu svježeg lišća cilantra i pare; 1 šalica svježih listova mente; 1 jabuka Granny Smith, bez jezgre i nasjeckana; 2 žličice mljevenog jalapeña bez sjemenki (vidi[Savjet](#)); i 1 žlica svježeg soka od limete. Pusirajte dok ne postane sitno mljeveno.

PILEĆA PAILLARD SALATA NA ŽARU S MALINAMA, CIKLOM I PEČENIM BADEMIMA

PRIPREMA: 30 minuta pečenja: 45 minuta mariniranja: 15 minuta roštilja: 8 minuta čini: 4 porcije

½ šalice cijelih badema

1½ žličice maslinovog ulja

1 srednja crvena cikla

1 srednja zlatna cikla

2 polovice pilećih prsa bez kostiju i kože od 6 do 8 unci

2 šalice svježih ili smrznutih malina, odmrznutih

3 žlice bijelog ili crnog vinskog octa

2 žlice nasjeckanog svježeg estragona

1 žlica mljevene ljutike

1 žličica Dijon senfa (vidi recept)

¼ šalice maslinovog ulja

Crni papar

8 šalica proljetne mješavine zelene salate

1. Za bademe zagrijte pećnicu na 400°F. Rasporedite bademe po malom limu za pečenje i prelijte s ½ žličice maslinovog ulja. Pecite oko 5 minuta ili dok ne postane mirisno i zlatno. Neka se ohladi. (Bademi se mogu tostirati 2 dana unaprijed i čuvati u hermetički zatvorenoj posudi.)

2. Za ciklu, stavite svaku ciklu na mali komad folije i pokapajte svaku s ½ žličice maslinovog ulja. Labavo omotajte foliju oko cikle i stavite na lim za pečenje ili u posudu za pečenje. Pecite ciklu u pećnici na 400°F 40 do 50 minuta ili dok ne omekša kada je probodete nožem. Izvadite iz pećnice i ostavite da odstoji dok se dovoljno ne ohladi za rukovanje. Nožem za guljenje uklonite kožu. Cveklu

narežite na kriške i ostavite sa strane. (Izbjegavajte miješati ciklu kako biste spriječili da crvena cikla oboji zlatnu ciklu. Cikla se može peći 1 dan unaprijed i ohladiti. Stavite na sobnu temperaturu prije posluživanja.)

3. Za piletinu prerežite svaka pileća prsa vodoravno na pola. Stavite svaki komad piletine između dva komada plastične folije. Pomoću čekića za meso nježno istucite na oko ¾ inča debljine. Stavite piletinu u plitku posudu i ostavite sa strane.

4. Za vinaigrette, u velikoj zdjeli pjenjačom lagano zdrobite ¾ šalice malina (preostale maline sačuvajte za salatu). Dodajte ocat, estragon, ljutiku i dijon senf; umutiti za miješanje. Dodajte ¼ šalice maslinovog ulja u tankom mlazu, miješajući da se dobro izmiješa. Prelijte ½ šalice vinaigrette preko piletine; okrenite piletinu u kaput (preostali vinaigrette ostavite za salatu). Marinirajte piletinu na sobnoj temperaturi 15 minuta. Izvadite piletinu iz marinade i pospite paprom; bacite marinadu preostalu u posudi.

5. Za roštilj na ugljen ili plin, stavite piletinu na rešetku roštilja izravno na srednju vatru. Pokrijte i pecite na roštilju 8 do 10 minuta ili dok piletina više ne bude ružičasta, okrećite je jednom na pola pečenja. (Piletinu možete kuhati i u grill tavi na štednjaku.)

6. U velikoj zdjeli pomiješajte zelenu salatu, ciklu i preostalu 1¼ šalice malina. Prelijte sačuvani vinaigrette preko salate; nježno baciti na kaput. Podijelite salatu na četiri tanjura za posluživanje; na svaku stavite komadić pilećih

prsa na žaru. Pržene bademe krupno nasjeckajte i pospite preko svega. Poslužite odmah.

PILEĆA PRSA PUNJENA BROKULOM RABE S UMAKOM OD SVJEŽIH RAJČICA I CEZAR SALATOM

PRIPREMA: 40 minuta kuhanja: 25 minuta čini: 6 porcija

3 žlice maslinovog ulja
2 žličice mljevenog češnjaka
¼ žličice mljevene crvene paprike
1 funta raab brokule, obrezane i nasjeckane
½ šalice nesumporiranih zlatnih grožđica
½ šalice vode
4 polovice pilećih prsa bez kože i kostiju od 5 do 6 unci
1 šalica nasjeckanog luka
3 šalice nasjeckanih rajčica
¼ šalice narezanog svježeg bosiljka
2 žličice crvenog vinskog octa
3 žlice svježeg soka od limuna
2 žlice Paleo Mayo (vidi recept)
2 žličice Dijon senfa (vidi recept)
1 žličica mljevenog češnjaka
½ žličice crnog papra
¼ šalice maslinovog ulja
10 šalica nasjeckane zelene salate

1. U velikoj tavi zagrijte 1 žlicu maslinovog ulja na srednje jakoj vatri. Dodajte češnjak i mljevenu crvenu papriku; kuhajte i miješajte 30 sekundi ili dok ne zamiriše. Dodajte nasjeckanu brokulu, grožđice i ½ šalice vode. Poklopite i kuhajte oko 8 minuta ili dok brokula ne uvene i ne omekša. Uklonite poklopac s posude; pustite da sav višak vode ispari. Staviti na stranu.

2. Za rolade svaka pileća prsa prepolovite po dužini; stavite svaki komad između dva komada plastične folije. Koristeći ravnu stranu batića za meso, lagano istucite piletinu na oko ¼ inča debljine. Za svaku roladu stavite oko ¼ šalice mješavine brokule raab na jedan od kraćih krajeva; zarolati, preklopiti sa strane da potpuno obuhvati nadjev. (Rolade se mogu napraviti do 1 dan unaprijed i ohladiti dok ne budu spremne za kuhanje.)

3. U velikoj tavi zagrijte 1 žlicu maslinovog ulja na srednje jakoj vatri. Dodajte rolade, šavovima prema dolje. Kuhajte oko 8 minuta ili dok ne porumene sa svih strana, okrećući dva ili tri puta tijekom kuhanja. Prebacite rolade na pladanj.

4. Za umak, u tavi zagrijte 1 žlicu preostalog maslinovog ulja na srednje jakoj vatri. Dodajte luk; kuhajte oko 5 minuta ili dok ne postane prozirno. Umiješajte rajčice i bosiljak. Stavite rolade na vrh umaka u tavi. Dovedite do vrenja na srednje jakoj vatri; smanjiti toplinu. Poklopite i pirjajte oko 5 minuta ili dok se rajčice ne počnu raspadati, ali još uvijek zadrže svoj oblik, a rolade se zagriju.

5. Za preljev, u maloj posudi pomiješajte sok od limuna, Paleo Mayo, Dijon-Style senf, češnjak i crni papar. Ulijte ¼ šalice maslinovog ulja, miješajući dok se ne emulgira. U velikoj zdjeli pomiješajte dressing s nasjeckanim romainom. Za posluživanje podijelite romaine na šest tanjura za posluživanje. Narežite rolade i složite na romain; prelijte umakom od rajčice.

SHAWARMA ZAMOTULJCI OD PILETINE NA ŽARU SA ZAČINJENIM POVRĆEM I PRELJEVOM OD PINJOLA

PRIPREMA:20 minuta mariniranja: 30 minuta roštilja: 10 minuta priprema: 8 zavoja (4 porcije)

1½ funte polovica pilećih prsa bez kože i kostiju, izrezanih na komade od 2 inča
5 žlica maslinovog ulja
2 žlice svježeg soka od limuna
1¾ žličice mljevenog kumina
1 žličica mljevenog češnjaka
1 žličica paprike
½ žličice curry praha
½ žličice mljevenog cimeta
¼ žličice kajenskog papra
1 srednja tikvica, prepolovljena
1 mali patlidžan narezan na ploške od ½ inča
1 velika žuta slatka paprika prepolovljena i očišćena od sjemenki
1 srednji crveni luk, narezan na četvrtine
8 cherry rajčica
8 većih listova zelene salate
Preljev od prženih pinjola (vidi recept)
kriške limuna

1. Za marinadu, u maloj posudi pomiješajte 3 žlice maslinovog ulja, sok od limuna, 1 žličicu kumina, češnjak, ½ žličice paprike, curry prah, ¼ žličice cimeta i kajenski papar. Stavite komade piletine u veliku plastičnu vrećicu koja se može zatvoriti u plitku posudu. Piletinu preliti marinadom. Pečatna vrećica; pretvoriti torbu u kaput. Marinirajte u hladnjaku 30 minuta, povremeno okrećući vrećicu.

2. Izvadite piletinu iz marinade; bacite marinadu. Na četiri duga ražnjića nabodite piletinu.

3. U lim za pečenje stavite tikvice, patlidžan, papriku i luk. Prelijte s 2 žlice maslinovog ulja. Pospite preostalom ¾ žličice kima, preostalom ½ žličice paprike i preostalom ¼ žličice cimeta; lagano utrljajte preko povrća. Na dva ražnjića nabodite rajčice.

3. Za roštilj na ugljen ili plin, ćevape s piletinom i rajčicom i povrćem stavite na rešetku roštilja na srednje jaku vatru. Pokrijte i pecite na roštilju dok piletina više ne bude ružičasta, a povrće lagano pougljenjeno i hrskavo mekano, okrećući jednom. Ostavite 10 do 12 minuta za piletinu, 8 do 10 minuta za povrće i 4 minute za rajčice.

4. Skinite piletinu s ražnja. Nasjeckajte piletinu, a tikvice, patlidžan i papriku narežite na komade veličine zalogaja. Skinite rajčice s ražnjića (ne sjeckajte). Na pladanj rasporedite piletinu i povrće. Za posluživanje žlicom stavite malo piletine i povrća u list zelene salate; prelijte preljevom od prženih pinjola. Poslužite s kriškama limuna.

PILEĆA PRSA PIRJANA U PEĆNICI S GLJIVAMA, PIREOM OD ČEŠNJAKA I PEČENIM ŠPAROGAMA

POČETAK DO KRAJA: 50 minuta čini: 4 porcije

4 polovice pilećih prsa od 10 do 12 unci s kostima, bez kože
3 šalice malih bijelih gljiva
1 šalica tanko narezanog poriluka ili žutog luka
2 šalice juhe od pileće kosti (vidi recept) ili pileća juha bez dodatka soli
1 šalica suhog bijelog vina
1 velika vezica svježeg timijana
Crni papar
Bijeli vinski ocat (po želji)
1 glavica cvjetače odvojena na cvjetove
12 češnjaka, oguljenih
2 žlice maslinovog ulja
Bijeli ili kajenski papar
1 funta šparoga, orezanih
2 žličice maslinovog ulja

1. Zagrijte pećnicu na 400°F. Rasporedite pileća prsa u pravokutnu posudu za pečenje od 3 litre; nadjenite gljivama i porilukom. Piletinu i povrće prelijte juhom od pilećih kostiju i vinom. Sve pospite majčinom dušicom i pospite crnim paprom. Posudu pokriti folijom.

2. Pecite 35 do 40 minuta ili dok termometar s trenutnim očitanjem umetnut u piletinu ne zabilježi 170°F. Uklonite i bacite grančice timijana. Po želji začinite tekućinu za pirjanje malom količinom octa prije posluživanja.

2. U međuvremenu, u velikom loncu kuhajte cvjetaču i češnjak u dovoljno kipuće vode da pokrije oko 10 minuta ili dok

ne omekšaju. Ocijedite cvjetaču i češnjak, a 2 žlice tekućine od kuhanja ocijedite. U multipraktik ili veliku zdjelu za miješanje stavite cvjetaču i tekućinu od kuhanja. Procesirajte dok ne postane glatka* ili zgnječite gnječilicom za krumpir; umiješajte 2 žlice maslinova ulja i po želji začinite bijelim paprom. Držite na toplom do posluživanja.

3. Složite šparoge u jednom sloju na lim za pečenje. Pokapajte s 2 žličice maslinovog ulja i pomiješajte. Pospite crnim paprom. Pecite u pećnici zagrijanoj na 400°F oko 8 minuta ili dok ne postane hrskavo, jednom promiješajte.

4. Podijelite pasiranu cvjetaču na šest tanjura za posluživanje. Na vrh stavite piletinu, gljive i poriluk. Prelijte s malo tekućine za pirjanje; poslužite uz pečene šparoge.

*Napomena: ako koristite multipraktik, pazite da ne preradite previše jer će cvjetača postati pretanka.

PILEĆA JUHA NA TAJLANDSKI NAČIN

PRIPREMA: 30 minuta zamrzavanje: 20 minuta kuhanje: 50 minuta čini: 4 do 6 porcija

TAMARIND JE MOŠUSNO, KISELO VOĆE KORISTI SE U INDIJSKOJ, TAJLANDSKOJ I MEKSIČKOJ KUHINJI. MNOGE KOMERCIJALNO PRIPREMLJENE PASTE OD TAMARINDA SADRŽE ŠEĆER - PAZITE DA KUPITE ONU KOJA GA NEMA. LISTOVI KAFIRSKE LIMETE MOGU SE NAĆI SVJEŽI, SMRZNUTI I OSUŠENI NA VEĆINI AZIJSKIH TRŽIŠTA. AKO IH NE MOŽETE PRONAĆI, LIŠĆE U OVOM RECEPTU ZAMIJENITE 1½ ŽLIČICOM SITNO NARIBANE KORE LIMETE.

- 2 stabljike limunske trave, obrezane
- 2 žlice nerafiniranog kokosovog ulja
- ½ šalice tanko narezanog mladog luka
- 3 velika režnja češnjaka, tanko narezana
- 8 šalica juhe od pileće kosti (vidi recept) ili pileća juha bez dodatka soli
- ¼ šalice paste od tamarinda bez dodanog šećera (kao što je marka Tamicon)
- 2 žlice nori pahuljica
- 3 svježa tajlandska čilija, tanko narezana s netaknutim sjemenkama (vidi Savjet)
- 3 lista kaffir limete
- 1 komad đumbira od 3 inča, narezan na tanke ploške
- 4 polovice pilećih prsa bez kože i kostiju od 6 unci
- 1 limenka od 14,5 unce bez dodane soli pečene rajčice narezane na kockice, neocijeđene
- 6 unci tankih šparoga, obrezanih i dijagonalno narezanih na komade od ½ inča
- ½ šalice upakiranih listova tajlandskog bosiljka (vidi Bilješka)

1. Snažnim pritiskom stražnje strane noža izgnječite stabljike limunske trave. Natučene peteljke sitno nasjeckajte.

2. U Dutch pećnici zagrijte kokosovo ulje na srednje jakoj vatri. Dodajte limunsku travu i mladi luk; kuhajte 8 do 10

minuta uz često miješanje. Dodajte češnjak; kuhajte i miješajte 2 do 3 minute ili dok ne zamiriše.

3. Dodajte juhu od pilećih kostiju, pastu od tamarinda, nori pahuljice, čili, lišće limete i đumbir. Dovesti do vrenja; smanjiti toplinu. Poklopite i pirjajte 40 minuta.

4. U međuvremenu zamrznite piletinu na 20 do 30 minuta ili dok ne postane čvrsta. Tanko narežite piletinu.

5. Procijedite juhu kroz fino sito u veliki lonac, pritišćući stražnjom stranom velike žlice da izvučete okuse. Odbacite čvrste tvari. Pustite juhu da zavrije. Umiješajte piletinu, neocijeđene rajčice, šparoge i bosiljak. Smanjite toplinu; pirjajte nepoklopljeno 2 do 3 minute ili dok se piletina ne skuha. Poslužite odmah.

PEČENA PILETINA S LIMUNOM I KADULJOM S ENDIVIJOM

PRIPREMA:15 minuta pečenja: 55 minuta stajanja: 5 minuta čini: 4 porcije

KRIŠKE LIMUNA I LIST KADULJESTAVITE ISPOD KOŽICE PILETINE DAJTE OKUS MESU DOK SE KUHA—I NAPRAVITE PRIVLAČAN DIZAJN ISPOD OŠTRE, NEPROZIRNE KOŽE NAKON ŠTO IZAĐE IZ PEĆNICE.

- 4 polovice pilećih prsa s kostima (sa kožom)
- 1 limun, vrlo tanko narezan
- 4 velika lista kadulje
- 2 žličice maslinovog ulja
- 2 žličice mediteranskog začina (vidi_recept_)
- ½ žličice crnog papra
- 2 žlice ekstra djevičanskog maslinovog ulja
- 2 ljutike, narezane na ploške
- 2 češnja češnjaka, mljevena
- 4 glavice endivije, prepolovljene po dužini

1. Zagrijte pećnicu na 400°F. Nožem za guljenje vrlo pažljivo olabavite kožu sa svake polovice prsa, ostavljajući je pričvršćenu s jedne strane. Na meso svakog prsa stavite 2 kriške limuna i 1 list kadulje. Nježno povucite kožu natrag na mjesto i nježno pritisnite da je učvrstite.

2. Piletinu složiti u plitku posudu za pečenje. Premažite piletinu s 2 žličice maslinovog ulja; pospite mediteranskim začinima i ¼ žličice papra. Pecite bez poklopca oko 55 minuta ili dok koža ne porumeni i postane hrskava, a termometar s trenutnim očitanjem

umetnut u piletinu ne zabilježi 170°F. Pustite piletinu da odstoji 10 minuta prije posluživanja.

3. U međuvremenu, u velikoj tavi zagrijte 2 žlice maslinovog ulja na srednje jakoj vatri. Dodajte ljutiku; kuhajte oko 2 minute ili dok ne postane prozirno. Endiviju pospite preostalom ¼ žličice papra. Dodajte češnjak u tavu. Stavite endiviju u tavu, prerezane strane prema dolje. Kuhajte oko 5 minuta ili dok ne porumene. Pažljivo okrenite endiviju; kuhajte još 2 do 3 minute ili dok ne omekša. Poslužite uz piletinu.

PILETINA S MLADIM LUKOM, POTOČARKOM I ROTKVICAMA

PRIPREMA: 20 minuta kuhanja: 8 minuta pečenja: 30 minuta čini: 4 porcije

IAKO BI MOGLO ZVUČATI ČUDNO KUHATI ROTKVICE, OVDJE SE JEDVA KUHAJU—TEK TOLIKO DA UBLAŽI NJIHOV PAPRENI ZALOGAJ I MALO OMEKŠA.

3 žlice maslinovog ulja
4 polovice pilećih prsa od 10 do 12 unci s kostima (s kožom)
1 žlica začina od limuna i začina (vidi recept)
¾ šalice narezanog mladog luka
6 rotkvica, tanko narezanih
¼ žličice crnog papra
½ šalice suhog bijelog vermuta ili suhog bijelog vina
⅓ šalice kreme od indijskih oraščića (vidi recept)
1 vezica potočarke, stabljike obrezane, grubo nasjeckane
1 žlica nasjeckanog svježeg kopra

1. Zagrijte pećnicu na 350°F. U velikoj tavi zagrijte maslinovo ulje na srednje jakoj vatri. Osušite piletinu papirnatim ručnikom. Kuhajte piletinu, s kožom prema dolje, 4 do 5 minuta ili dok koža ne postane zlatna i hrskava. Okrenite piletinu; kuhajte oko 4 minute ili dok ne porumene. U plitku posudu za pečenje posložite piletinu s kožom prema gore. Pospite piletinu začinom od limuna i trava. Pecite oko 30 minuta ili dok termometar s trenutnim očitanjem umetnut u piletinu ne zabilježi 170°F.

2. U međuvremenu, izlijte sve osim 1 žlice kapanja iz tave; vratite tavu na vatru. Dodajte mladi luk i rotkvice; kuhajte oko 3 minute ili samo dok mladi luk ne uvene. Pospite

paprom. Dodajte vermut, miješajući da sastružete zapečene komadiće. Dovesti do vrenja; kuhati dok se ne reducira i malo zgusne. Umiješajte kremu od indijskih oraščića; dovesti do vrenja. Uklonite tavu s vatre; dodajte potočarku i kopar, lagano miješajući dok potočarka ne uvene. Umiješajte sav pileći sok koji se nakupio u posudi za pečenje.

3. Podijelite smjesu mladog luka na četiri tanjura za posluživanje; na vrh stavite piletinu.

PILETINA TIKKA MASALA

PRIPREMA:30 minuta mariniranja: 4 do 6 sati kuhanja: 15 minuta pečenja: 8 minuta čini: 4 porcije

OVO JE INSPIRIRANO VRLO POPULARNIM INDIJSKIM JELOM KOJI MOŽDA UOPĆE NIJE NASTAO U INDIJI, VEĆ U INDIJSKOM RESTORANU U UJEDINJENOM KRALJEVSTVU. TRADICIONALNA PILEĆA TIKKA MASALA ZAHTIJEVA DA SE PILETINA MARINIRA U JOGURTU, A ZATIM KUHA U ZAČINJENOM UMAKU OD RAJČICE PRELIVENOM VRHNJEM. BEZ MLIJEČNIH PROIZVODA KOJI PRIGUŠUJU OKUS UMAKA, OVA JE VERZIJA POSEBNO ČISTOG OKUSA. UMJESTO RIŽE, POSLUŽUJE SE PREKO HRSKAVIH REZANACA OD TIKVICA.

- 1½ funte pilećih bataka ili polovica pilećih prsa bez kože i kostiju
- ¾ šalice prirodnog kokosovog mlijeka (kao što je Nature's Way)
- 6 češnja češnjaka, nasjeckanog
- 1 žlica naribanog svježeg đumbira
- 1 žličica mljevenog korijandera
- 1 žličica paprike
- 1 žličica mljevenog kima
- ¼ žličice mljevenog kardamoma
- 4 žlice rafiniranog kokosovog ulja
- 1 šalica nasjeckane mrkve
- 1 tanko narezani celer
- ½ šalice nasjeckanog luka
- 2 jalapeño ili serrano chilesa, bez sjemenki (po želji) i sitno nasjeckana (vidi Savjet)
- 1 limenka od 14,5 unce bez dodane soli pečene rajčice narezane na kockice, neocijeđene
- 1 limenka od 8 unci umaka od rajčice bez dodane soli
- 1 žličica garam masale bez dodane soli
- 3 srednje tikvice
- ½ žličice crnog papra

Svježi listovi cilantra

1. Ako koristite pileće batake, svaki batak prerežite na tri dijela. Ako koristite polovice pilećih prsa, izrežite svaku polovicu prsa na komade od 2 inča, prerežite sve deblje dijelove na pola vodoravno da budu tanji. Stavite piletinu u veliku plastičnu vrećicu koja se može zatvoriti; Staviti na stranu. Za marinadu, u maloj posudi pomiješajte ½ šalice kokosovog mlijeka, češnjak, đumbir, korijander, papriku, kumin i kardamom. Piletinu u vrećici prelijte marinadom. Zatvorite vrećicu i okrenite je da premažete piletinu. Stavite vrećicu u srednju zdjelu; marinirajte u hladnjaku 4 do 6 sati, povremeno okrećući vrećicu.

2. Zagrijte brojlere. U velikoj tavi zagrijte 2 žlice kokosovog ulja na srednje jakoj vatri. Dodajte mrkvu, celer i luk; kuhajte 6 do 8 minuta ili dok povrće ne omekša, povremeno miješajući. Dodajte jalapeños; kuhati i miješati još 1 minutu. Dodajte neocijeđene rajčice i umak od rajčice. Dovesti do vrenja; smanjiti toplinu. Pirjajte bez poklopca oko 5 minuta ili dok se umak malo ne zgusne.

3. Ocijedite piletinu, bacite marinadu. Rasporedite komade piletine u jednom sloju na nezagrijanu rešetku tave za broilere. Pecite 5 do 6 inča od topline 8 do 10 minuta ili dok piletina više ne bude ružičasta, okrećite jednom na pola pečenja. Dodajte kuhane komade piletine i preostalu ¼ šalice kokosovog mlijeka u smjesu rajčice u tavi. Kuhajte 1 do 2 minute ili dok se ne zagrije. Maknite s vatre; umiješajte garam masalu.

4. Odrežite vrhove tikvica. Rezačem za julienne narežite tikvice na dugačke tanke trakice. U posebno velikoj tavi zagrijte preostale 2 žlice kokosovog ulja na srednje jakoj

vatri. Dodajte trakice tikvica i crni papar. Kuhajte i miješajte 2 do 3 minute ili dok tikvice ne postanu hrskave.

5. Za posluživanje podijelite tikvice na četiri tanjura za posluživanje. Prelijte smjesom od piletine. Ukrasite listovima cilantra.

RAS EL HANOUT PILEĆA ZABATKA

PRIPREMA: 20 minuta kuhanja: 40 minuta čini: 4 porcije

RAS EL HANOUT JE KOMPLEKSI EGZOTIČNE MAROKANSKE MJEŠAVINE ZAČINA. IZRAZ ZNAČI "ŠEF TRGOVINE" NA ARAPSKOM, ŠTO IMPLICIRA DA SE RADI O JEDINSTVENOJ MJEŠAVINI NAJBOLJIH ZAČINA KOJE PRODAVAČ ZAČINA MOŽE PONUDITI. NE POSTOJI ODREĐENI RECEPT ZA RAS EL HANOUT, ALI ČESTO SADRŽI NEKU MJEŠAVINU ĐUMBIRA, ANISA, CIMETA, MUŠKATNOG ORAŠČIĆA, PAPRA U ZRNU, KLINČIĆA, KARDAMOMA, SUHOG CVIJEĆA (POPUT LAVANDE I RUŽE), CRNICE, MACEA, GALANGALA I KURKUME.

- 1 žlica mljevenog kima
- 2 žličice mljevenog đumbira
- 1½ žličice crnog papra
- 1½ žličice mljevenog cimeta
- 1 žličica mljevenog korijandera
- 1 žličica kajenskog papra
- 1 žličica mljevene pimente
- ½ žličice mljevenog klinčića
- ¼ žličice mljevenog muškatnog oraščića
- 1 žličica niti šafrana (po želji)
- 4 žlice nerafiniranog kokosovog ulja
- 8 pilećih bataka s kostima
- 1 paket od 8 unci svježih gljiva, narezanih
- 1 šalica nasjeckanog luka
- 1 šalica nasjeckane crvene, žute ili zelene slatke paprike (1 velika)
- 4 roma rajčice, očišćene od sjemenki i nasjeckane
- 4 češnja češnjaka, nasjeckana
- 2 limenke prirodnog kokosovog mlijeka od 13,5 unci (kao što je Nature's Way)
- 3 do 4 žlice svježeg soka od limete
- ¼ šalice sitno narezanog svježeg cilantra

1. Za ras el hanout, u srednjem mužaru ili maloj posudi pomiješajte kumin, đumbir, crni papar, cimet, korijander, kajenski papar, piment, klinčiće, muškatni oraščić i, po želji, šafran. Samljeti batom ili promiješati žlicom da se dobro sjedini. Staviti na stranu.

2. U posebno velikoj tavi zagrijte 2 žlice kokosovog ulja na srednje jakoj vatri. Pileće batake pospite 1 žlicom ras el hanouta. Dodajte piletinu u tavu; kuhajte 5 do 6 minuta ili dok ne porumene, okrećući jednom na pola kuhanja. Izvadite piletinu iz tave; držati na toplom.

3. U istoj tavi zagrijte preostale 2 žlice kokosovog ulja na srednje jakoj vatri. Dodajte šampinjone, luk, papriku, rajčice i češnjak. Kuhajte i miješajte oko 5 minuta ili dok povrće ne omekša. Umiješajte kokosovo mlijeko, sok od limete i 1 žlicu ras el hanouta. Vratite piletinu u tavu. Dovesti do vrenja; smanjiti toplinu. Pirjajte poklopljeno oko 30 minuta ili dok piletina ne omekša (175°F).

4. Piletinu, povrće i umak poslužite u zdjelicama. Ukrasite cilantrom.

Napomena: Ostatke Ras el Hanouta čuvajte u zatvorenoj posudi do 1 mjeseca.

STAR FRUIT ADOBO PILEĆA ZABATKA PREKO PIRJANOG ŠPINATA

PRIPREMA: 40 minuta mariniranja: 4 do 8 sati kuhanja: 45 minuta čini: 4 porcije

AKO JE POTREBNO, OSUŠITE PILETINU PAPIRNATIM UBRUSOM NAKON ŠTO IZAĐE IZ MARINADE PRIJE NEGO ŠTO GA POPRŽITE U TAVI. SVA TEKUĆINA KOJA OSTANE NA MESU ĆE PRSKATI PO VRUĆEM ULJU.

8 pilećih bataka s kostima (1½ do 2 funte), bez kože
¾ šalice bijelog ili jabukovače octa
¾ šalice svježeg soka od naranče
½ šalice vode
¼ šalice nasjeckanog luka
¼ šalice narezanog svježeg cilantra
4 češnja češnjaka, nasjeckana
½ žličice crnog papra
1 žlica maslinovog ulja
1 zvjezdica voće (karambola), narezano na kriške
1 šalica juhe od pileće kosti (vidi recept) ili pileća juha bez dodatka soli
2 paketa od 9 unci svježeg lišća špinata
Svježi listovi cilantra (po želji)

1. Stavite piletinu u pećnicu od nehrđajućeg čelika ili emajliranu; Staviti na stranu. U srednjoj posudi pomiješajte ocat, sok od naranče, vodu, luk, ¼ šalice nasjeckanog cilantra, češnjak i papar; preliti preko piletine. Pokrijte i marinirajte u hladnjaku 4 do 8 sati.

2. Stavite pileću smjesu u nizozemsku pećnicu do vrenja na srednje jakoj vatri; smanjiti toplinu. Poklopite i pirjajte 35 do 40 minuta ili dok piletina više ne bude ružičasta (175°F).

3. U posebno velikoj tavi zagrijte ulje na srednje jakoj vatri. Hvataljkama izvadite piletinu iz pećnice, lagano tresući tako da tekućina od kuhanja kaplje; rezervna tekućina za kuhanje. Zapržite piletinu sa svih strana, često je okrećući da ravnomjerno porumeni.

4. U međuvremenu za umak procijedite tekućinu od kuhanja; vratite u Dutch Pećnicu. Zakuhati. Kuhajte oko 4 minute da se reducira i malo zgusne; dodajte zvjezdasto voće; kuhajte još 1 minutu. Vratite piletinu u umak u pećnici. Maknite s vatre; poklopiti da ostane toplo.

5. Obrišite tavu. Ulijte juhu od pilećih kostiju u tavu. Dovedite do vrenja na srednje jakoj vatri; umiješajte špinat. Smanjite toplinu; pirjajte 1 do 2 minute ili dok špinat ne uvene, neprestano miješajući. Šupičastom žlicom prebacite špinat na tanjur za posluživanje. Prelijte piletinom i umakom. Po želji pospite listićima cilantra.

TACOSI S PILETINOM I POBLANO KUPUSOM S CHIPOTLE MAYO

PRIPREMA:25 minuta pečenja: 40 minuta čini: 4 porcije

POSLUŽITE OVE NEUREDNE, ALI UKUSNE TACOSEVILICOM IZVADITE NADJEV KOJI VAM ISPADNE IZ LISTA KUPUSA DOK GA JEDETE.

1 žlica maslinovog ulja
2 poblano čilija, bez sjemenki (po želji) i nasjeckana (vidiSavjet)
½ šalice nasjeckanog luka
3 češnja češnjaka, nasjeckana
1 žlica čilija u prahu bez soli
2 žličice mljevenog kima
½ žličice crnog papra
1 limenka od 8 unci umaka od rajčice bez dodane soli
¾ šalice juhe od pileće kosti (vidirecept) ili pileća juha bez dodatka soli
1 čajna žličica osušenog meksičkog origana, zdrobljenog
1 do 1½ funte pilećih bataka bez kože i kostiju
10 do 12 srednjih do velikih listova kupusa
Chipotle Paleo Mayo (vidirecept)

1. Zagrijte pećnicu na 350°F. U velikoj tavi otpornoj na pećnicu zagrijte ulje na srednje jakoj vatri. Dodajte poblano chiles, luk i češnjak; kuhati i miješati 2 minute. Umiješajte čili u prahu, kumin i crni papar; kuhati i miješati još 1 minutu (po potrebi smanjiti vatru da začini ne zagore).

2. Dodajte umak od rajčice, juhu od pilećih kostiju i origano u tavu. Zakuhati. U smjesu od rajčice pažljivo stavite pileće batake. Pokrijte tavu poklopcem. Pecite oko 40 minuta ili dok piletina ne omekša (175°F), okrećući piletinu jednom napola.

3. Izvadite piletinu iz tave; malo ohladite. Pomoću dvije vilice narežite piletinu na komade veličine zalogaja. U tavi umiješajte narezanu piletinu u smjesu rajčice.

4. Za posluživanje žlicom ulijte pileću smjesu u listove kupusa; vrh s Chipotle Paleo Mayo.

PILEĆI PAPRIKAŠ S MLADIM MRKVAMA I BOK CHOY

PRIPREMA:15 minuta kuhanja: 24 minute stajanja: 2 minute čini: 4 porcije

BABY BOK CHOY JE VRLO NJEŽANI MOŽE SE PREKUHATI U TRENU. KAKO BI ZADRŽAO HRSKAV I SVJEŽ OKUS—A NE UVENUO I MOKAR—PAZITE DA SE KUHA NA PARI U POKLOPLJENOM VRUĆEM LONCU (IZVAN VATRE) NAJVIŠE 2 MINUTE PRIJE NEGO POSLUŽITE GULAŠ.

2 žlice maslinovog ulja

1 poriluk, narezan (bijeli i svijetlozeleni dijelovi)

4 šalice juhe od pileće kosti (vidi recept) ili pileća juha bez dodatka soli

1 šalica suhog bijelog vina

1 žlica Dijon senfa (vidi recept)

½ žličice crnog papra

1 grančica svježeg timijana

1¼ funte pilećih bataka bez kože i kostiju, izrezanih na komade od 1 inča

8 unci mlade mrkve s vrhovima, oribane, podrezane i prepolovljene po dužini, ili 2 srednje mrkve, narezane na kockice

2 žličice sitno naribane limunove kore (ostaviti sa strane)

1 žlica svježeg soka od limuna

2 glave baby bok choya

½ žličice narezane svježe majčine dušice

1. U velikom loncu zagrijte 1 žlicu maslinovog ulja na srednje jakoj vatri. Poriluk kuhajte na vrućem ulju 3 do 4 minute ili dok ne uvene. Dodajte juhu od pilećih kostiju, vino, Dijon senf, ¼ žličice papra i grančicu timijana. Dovesti do vrenja; smanjiti toplinu. Kuhajte 10 do 12 minuta ili dok se tekućina ne smanji za otprilike jednu trećinu. Bacite grančicu timijana.

2. U međuvremenu, u pećnici zagrijte preostalu 1 žlicu maslinovog ulja na srednje jakoj vatri. Pospite piletinu s preostalom ¼ žličice papra. Pecite u vrućem ulju oko 3 minute ili dok ne porumene, povremeno miješajući. Po potrebi ocijediti masnoću. Pažljivo dodajte mješavinu reducirane juhe u lonac, stružući sve smeđe komadiće; dodajte mrkvu. Dovesti do vrenja; smanjiti toplinu. Pirjajte bez poklopca 8 do 10 minuta ili samo dok mrkva ne omekša. Umiješajte limunov sok. Bok choy prepolovite po dužini. (Ako su glave bok choya velike, izrežite ih na četvrtine.) Stavite bok choy na vrh piletine u loncu. Pokrijte i maknite s vatre; ostavite stajati 2 minute.

3. Kuhač u plitke zdjelice. Pospite koricom limuna i nasjeckanom majčinom dušicom.

PILETINU S INDIJSKIM ORAŠČIĆIMA I NARANČOM I SLATKU PAPRIKU PRŽITE U ZAVOJIMA ZELENE SALATE

POČETAK DO KRAJA: 45 minuta čini: 4 do 6 porcija

NAĆI ĆETE DVIJE VRSTEKOKOSOVO ULJE NA POLICAMA—RAFINIRANO I EKSTRA DJEVIČANSKO ILI NERAFINIRANO. KAO ŠTO NAZIV IMPLICIRA, EKSTRA DJEVIČANSKO KOKOSOVO ULJE NASTAJE PRVIM PREŠANJEM SVJEŽEG, SIROVOG KOKOSA. UVIJEK JE BOLJI IZBOR KADA KUHATE NA SREDNJOJ ILI SREDNJE JAKOJ VATRI. RAFINIRANO KOKOSOVO ULJE IMA VIŠU TOČKU DIMLJENJA, STOGA GA KORISTITE SAMO KADA KUHATE NA VISOKOJ VATRI.

- 1 žlica rafiniranog kokosovog ulja
- 1½ do 2 funte pilećih bataka bez kože i kostiju, izrezanih na tanke trakice veličine zalogaja
- 3 crvene, narančaste i/ili žute slatke paprike, bez peteljki, sjemenki i tanko narezanih na trakice veličine zalogaja
- 1 glavica crvenog luka prepolovljena po dužini i tanko narezana
- 1 žličica sitno naribane narančine korice (ostaviti sa strane)
- ½ šalice svježeg soka od naranče
- 1 žlica mljevenog svježeg đumbira
- 3 češnja češnjaka, nasjeckana
- 1 šalica neslanih sirovih indijskih oraščića, tostiranih i grubo nasjeckanih (vidi Savjet)
- ½ šalice narezanog mladog luka (4)
- 8 do 10 listova maslaca ili ledene salate

1. U woku ili velikoj tavi zagrijte kokosovo ulje na jakoj vatri. Dodati piletinu; kuhati i miješati 2 minute. Dodati papriku i luk; kuhajte i miješajte 2 do 3 minute ili dok povrće ne

počne omekšavati. Izvadite piletinu i povrće iz woka; držati na toplom.

2. Obrišite wok papirnatim ručnikom. Dodajte sok od naranče u wok. Kuhajte oko 3 minute ili dok sok ne provrije i lagano se reducira. Dodajte đumbir i češnjak. Kuhajte i miješajte 1 minutu. Mješavinu piletine i papra vratite u wok. Umiješajte narančinu koricu, indijske oraščiće i mladi luk. Zapršku poslužite na listovima zelene salate.

VIJETNAMSKA PILETINA S KOKOSOM I LIMUNSKOM TRAVOM

POČETAK DO KRAJA: 30 minuta čini: 4 porcije

OVAJ BRZI CURRY OD KOKOSA MOŽE BITI NA STOLU ZA 30 MINUTA OD TRENUTKA KADA POČNETE SJECKATI, ŠTO GA ČINI IDEALNIM OBROKOM ZA NAPORNU RADNU VEČER.

1 žlica nerafiniranog kokosovog ulja

4 stabljike limunske trave (samo blijedi dijelovi)

1 pakiranje gljiva bukovača od 3,2 unce, nasjeckanih

1 veća glavica luka tanko narezana na kolutove prepolovljena

1 svježi jalapeño, bez sjemenki i sitno nasjeckan (vidi Savjet)

2 žlice mljevenog svježeg đumbira

3 češnja češnjaka mljevena

1½ funte pilećih bataka bez kože i kostiju, tanko narezanih i izrezanih na komade veličine zalogaja

½ šalice prirodnog kokosovog mlijeka (kao što je Nature's Way)

½ šalice juhe od pileće kosti (vidi recept) ili pileća juha bez dodatka soli

1 žlica crvenog curry praha bez soli

½ žličice crnog papra

½ šalice narezanog svježeg lišća bosiljka

2 žlice svježeg soka od limete

Nezaslađeni naribani kokos (po želji)

1. U posebno velikoj tavi zagrijte kokosovo ulje na srednje jakoj vatri. Dodajte limunsku travu; kuhati i miješati 1 minutu. Dodajte gljive, luk, jalapeño, đumbir i češnjak; kuhajte i miješajte 2 minute ili dok luk ne omekša. Dodati piletinu; kuhajte oko 3 minute ili dok se piletina ne skuha.

2. U maloj zdjeli pomiješajte kokosovo mlijeko, juhu od pilećih kostiju, curry prah i crni papar. Dodajte smjesi piletine u

tavi; kuhajte 1 minutu ili dok se tekućina malo ne zgusne. Maknite s vatre; umiješajte svježi bosiljak i sok od limete. Po želji porcije pospite kokosom.

PILETINA NA ŽARU I ESCAROLE SALATA OD JABUKA

PRIPREMA: 30 minuta roštilja: 12 minuta čini: 4 porcije

AKO VOLIŠ SLAĐU JABUKU, IDI S HONEYCRISPOM. AKO VOLITE TRPKU JABUKU, UPOTRIJEBITE GRANNY SMITH—ILI, ZA RAVNOTEŽU, PROBAJTE MJEŠAVINU DVIJU SORTI.

3 srednje jabuke Honeycrisp ili Granny Smith
4 žličice ekstra djevičanskog maslinovog ulja
½ šalice sitno nasjeckane ljutike
2 žlice nasjeckanog svježeg peršina
1 žlica začina za perad
3 do 4 glavice escarole, narezane na četvrtine
1 funta mljevenih pilećih ili purećih prsa
⅓ šalice nasjeckanih prženih lješnjaka*
⅓ šalice klasičnog francuskog vinaigreta (vidi recept)

1. Jabuke prepolovite i izvadite im koštice. Ogulite i sitno nasjeckajte 1 jabuku. U srednjoj tavi zagrijte 1 žličicu maslinovog ulja na srednjoj vatri. Dodajte nasjeckanu jabuku i ljutiku; kuhajte dok ne omekša. Umiješajte peršin i začin za perad. Ostaviti sa strane da se ohladi.

2. U međuvremenu, preostale 2 jabuke očistite od središta i narežite na kriške. Presječene strane kriški jabuka i escarole premažite preostalim maslinovim uljem. U velikoj zdjeli pomiješajte piletinu i ohlađenu smjesu od jabuka. Podijeliti na osam dijelova; oblikujte svaki dio u pljeskavicu promjera 2 inča.

3. Za roštilj na ugljen ili plin, stavite pileće pljeskavice i kriške jabuke na rešetku roštilja izravno na srednju vatru.

Poklopite i pecite na roštilju 10 minuta, jednom okrenite na pola pečenja. Dodajte escarole, prerezane strane prema dolje. Pokrijte i pecite na roštilju 2 do 4 minute ili dok escarole lagano ne pougljeni, jabuke ne omekšaju, a pileće pljeskavice gotove (165°F).

4. Escarole grubo nasjeckajte. Podijelite escarole na četiri tanjura za posluživanje. Na vrh stavite pileće pljeskavice, kriške jabuke i lješnjake. Prelijte klasičnim francuskim vinaigretom.

*Savjet: Za tostiranje lješnjaka zagrijte pećnicu na 350°F. U plitku tepsiju rasporedite orahe u jednom sloju. Pecite 8 do 10 minuta ili dok se lagano ne prepeče, jednom promiješajte da se ravnomjerno prepeče. Orahe malo ohladiti. Stavite tople orahe na čisti kuhinjski ubrus; trljajte ručnikom kako biste uklonili opuštenu kožu.

TOSKANSKA PILEĆA JUHA S VRPCAMA OD KELJA

PRIPREMA: 15 minuta kuhanja: 20 minuta čini: 4 do 6 porcija

ŽLICA PESTA—BOSILJAK ILI RIKULA PO VAŠEM IZBORU—DODAJE ODLIČAN OKUS OVOJ SLANOJ JUHI ZAČINJENOJ ZAČINIMA ZA PERAD BEZ SOLI. KAKO BI PANTLJIKE KELJA OSTALE SVIJETLE ZELENE I ŠTO PUNIJE HRANJIVIM TVARIMA, KUHAJTE IH SAMO DOK NE UVENU.

1 funta mljevene piletine
2 žlice začina za perad bez dodane soli
1 žličica sitno naribane kore limuna
1 žlica maslinovog ulja
1 šalica nasjeckanog luka
½ šalice nasjeckane mrkve
1 šalica nasjeckanog celera
4 češnja češnjaka, narezana na ploške
4 šalice juhe od pileće kosti (vidi recept) ili pileća juha bez dodatka soli
1 limenka od 14,5 unce pečene rajčice bez dodane soli, neocijeđene
1 vezica Lacinato (toskanskog) kelja, očišćena od peteljki, narezana na vrpce
2 žlice svježeg soka od limuna
1 žličica nasjeckanog svježeg timijana
Pesto od bosiljka ili rukole (vidi Recepti)

1. U srednjoj zdjeli pomiješajte mljevenu piletinu, začin za perad i koricu limuna. Dobro promiješajte.

2. U Dutch pećnici zagrijte maslinovo ulje na srednje jakoj vatri. Dodajte mješavinu piletine, luk, mrkvu i celer; kuhajte 5 do 8 minuta ili dok piletina više ne bude ružičasta, miješajući drvenom kuhačom da se meso razbije i dodajte ploške češnjaka posljednju 1 minutu

kuhanja. Dodajte juhu od pilećih kostiju i rajčice. Dovesti do vrenja; smanjiti toplinu. Poklopite i pirjajte 15 minuta. Umiješajte kelj, limunov sok i majčinu dušicu. Pirjajte bez poklopca oko 5 minuta ili dok kelj ne uvene.

3. Za posluživanje ulijte juhu u zdjelice za posluživanje i prelijte pestom od bosiljka ili rukole.

PILEĆI LARB

PRIPREMA: 15 minuta kuhanja: 8 minuta hlađenja: 20 minuta čini: 4 porcije

OVA VERZIJA POPULARNOG TAJLANDSKOG JELA VISOKO ZAČINJENE MLJEVENE PILETINE I POVRĆA POSLUŽENOG U LISTOVIMA ZELENE SALATE NEVJEROJATNO JE LAGAN I AROMATIČAN—BEZ DODATKA ŠEĆERA, SOLI I RIBLJEG UMAKA (KOJI JE VRLO BOGAT NATRIJEM) KOJI SU TRADICIONALNO DIO POPISA SASTOJAKA. UZ ČEŠNJAK, TAJLANDSKI ČILI, LIMUNSKU TRAVU, KORICU LIMETE, SOK LIMETE, MENTU I CILANTRO, NEĆE VAM NEDOSTAJATI.

1 žlica rafiniranog kokosovog ulja

2 funte mljevene piletine (95% nemasna ili mljevena prsa)

8 unci šampinjona, sitno nasjeckanih

1 šalica sitno nasjeckanog crvenog luka

1 do 2 tajlandska čilija, bez sjemenki i sitno nasjeckana (vidi Savjet)

2 žlice mljevenog češnjaka

2 žlice sitno nasjeckane limunske trave*

¼ žličice mljevenog klinčića

¼ žličice crnog papra

1 žlica sitno nasjeckane korice limete

½ šalice svježeg soka od limete

⅓ šalice čvrsto zbijenih listova svježe metvice, nasjeckanih

⅓ šalice čvrsto zbijenog svježeg cilantra, nasjeckanog

1 glavica ledene salate, odvojena na listove

1. U posebno velikoj tavi zagrijte kokosovo ulje na srednje jakoj vatri. Dodajte mljevenu piletinu, gljive, luk, čili(e), češnjak, limunsku travu, klinčiće i crni papar. Kuhajte 8 do 10 minuta ili dok se piletina ne skuha, miješajući drvenom kuhačom da se meso razbije dok se kuha. Po potrebi ocijediti. Prebacite pileću smjesu u iznimno veliku zdjelu.

Pustite da se ohladi oko 20 minuta ili dok malo ne postane toplije od sobne temperature, povremeno miješajući.

2. U smjesu s piletinom umiješajte koricu limete, sok limete, metvicu i cilantro. Poslužite u listovima zelene salate.

*Savjet: Za pripremu limunske trave trebat će vam oštar nož. Odrežite drvenastu stabljiku s donje strane stabljike i čvrste zelene oštrice na vrhu biljke. Uklonite dva čvrsta vanjska sloja. Trebali biste imati komad limunske trave koji je dug oko 6 inča i blijedo žuto-bijele boje. Peteljku vodoravno prepolovite, pa svaku polovicu ponovno prepolovite. Svaku četvrtinu stabljike narežite vrlo tanko.

PILEĆI HAMBURGERI SA SEČUVANSKIM UMAKOM OD INDIJSKIH ORAŠČIĆA

PRIPREMA: 30 minuta kuhanja: 5 minuta grilanja: 14 minuta čini: 4 porcije

ULJE ČILIJA DOBIVENO ZAGRIJAVANJEMMASLINOVO ULJE S MLJEVENOM CRVENOM PAPRIKOM MOŽE SE KORISTITI I NA DRUGE NAČINE. KORISTITE GA ZA PIRJANJE SVJEŽEG POVRĆA— ILI GA PRELIJTE S MALO ČILI ULJA PRIJE PEČENJA.

- 2 žlice maslinovog ulja
- ¼ žličice mljevene crvene paprike
- 2 šalice sirovih komadića indijskog oraščića, tostiranih (vidi<u>Savjet</u>)
- ¼ šalice maslinovog ulja
- ½ šalice nasjeckanih tikvica
- ¼ šalice sitno nasjeckanog vlasca
- 2 češnja češnjaka, mljevena
- 2 žličice sitno naribane kore limuna
- 2 žličice naribanog svježeg đumbira
- 1 funta mljevenih pilećih ili purećih prsa

SZECHWAN UMAK OD INDIJSKIH ORAŠČIĆA

- 1 žlica maslinovog ulja
- 2 žlice sitno nasjeckanog mladog luka
- 1 žlica naribanog svježeg đumbira
- 1 žličica kineskog praha od pet začina
- 1 žličica svježeg soka od limete
- 4 zelena lista ili lista zelene salate

1. Za čili ulje, u malom loncu pomiješajte maslinovo ulje i mljevenu crvenu papriku. Zagrijte na laganoj vatri 5 minuta. Maknite s vatre; neka se ohladi.

2. Za maslac od indijskih oraščića, stavite indijske oraščiće i 1 žlicu maslinovog ulja u blender. Pokrijte i miksajte dok ne postane kremasto, prestajući strugati sa strane prema potrebi i dodajući još maslinovog ulja, 1 žlicu po žlicu, sve dok se ne iskoristi cijela ¼ šalice i dok maslac ne postane vrlo mekan; Staviti na stranu.

3. U velikoj zdjeli pomiješajte tikvice, vlasac, češnjak, koricu limuna i 2 žličice đumbira. Dodati mljevenu piletinu; dobro promiješajte. Smjesu piletine oblikujte u četiri pljeskavice debljine ½ inča.

4. Za roštilj na ugljen ili plin, pljeskavice stavite na podmazanu rešetku izravno na srednju vatru. Pokrijte i pecite na roštilju 14 do 16 minuta ili dok ne bude gotovo (165°F), okrećite jednom na pola pečenja.

5. U međuvremenu, za umak, u maloj tavi zagrijte maslinovo ulje na srednje jakoj vatri. Dodajte mladi luk i 1 žlicu đumbira; kuhajte na srednje niskoj vatri 2 minute ili dok mladi luk ne omekša. Dodajte ½ šalice maslaca od indijskih oraščića (preostali maslac od indijskih oraščića stavite u hladnjak do 1 tjedna), ulje čilija, sok limete i pet začina u prahu. Kuhajte još 2 minute. Maknite s vatre.

6. Polpete poslužite na listovima zelene salate. Prelijte umakom.

TURSKI PILEĆI ZAMOTULJCI

PRIPREMA: 25 minuta stajanje: 15 minuta kuhanje: 8 minuta čini: 4 do 6 porcija

"BAHARAT" JEDNOSTAVNO ZNAČI "ZAČIN" NA ARAPSKOM. SVENAMJENSKI ZAČIN U KUHINJI BLISKOG ISTOKA, ČESTO SE KORISTI KAO UTRLJAVANJE RIBE, PERADI I MESA ILI SE MIJEŠA S MASLINOVIM ULJEM I KORISTI KAO MARINADA ZA POVRĆE. KOMBINACIJA TOPLIH, SLATKIH ZAČINA POPUT CIMETA, KUMINA, KORIJANDERA, KLINČIĆA I PAPRIKE ČINI JE POSEBNO AROMATIČNOM. DODATAK SUŠENE MENTE JE TURSKI ŠTIH.

⅓ šalice narezanih nesumporiranih suhih marelica
⅓ šalice narezanih suhih smokava
1 žlica nerafiniranog kokosovog ulja
1½ funte mljevenih pilećih prsa
3 šalice narezanog poriluka (samo bijeli i svijetlozeleni dijelovi) (3)
⅔ srednje zelene i/ili crvene slatke paprike, tanko narezane
2 žlice Baharat začina (vidi recept, dolje)
2 češnja češnjaka, mljevena
1 šalica nasjeckanih rajčica bez sjemenki (2 srednje)
1 šalica nasjeckanog krastavca bez sjemenki (½ medija)
½ šalice nasjeckanih neslanih pistacija bez ljuske, tostiranih (vidi Savjet)
¼ šalice narezane svježe mente
¼ šalice nasjeckanog svježeg peršina
8 do 12 velikih listova zelene salate

1. U manju posudu stavite marelice i smokve. Dodajte ⅔ šalice kipuće vode; neka odstoji 15 minuta. Ocijedite, ostavite ½ šalice tekućine.

2. U međuvremenu, u posebno velikoj tavi zagrijte kokosovo ulje na srednje jakoj vatri. Dodati mljevenu piletinu;

kuhajte 3 minute, miješajući drvenom kuhačom da se meso raspada dok se kuha. Dodajte poriluk, slatku papriku, začin Baharat i češnjak; kuhajte i miješajte oko 3 minute ili dok piletina ne bude gotova, a papar tek omekša. Dodajte marelice, smokve, odvojenu tekućinu, rajčice i krastavce. Kuhajte i miješajte oko 2 minute ili dok se rajčice i krastavac tek ne počnu raspadati. Umiješajte pistacije, metvicu i peršin.

3. Poslužite piletinu i povrće u listovima zelene salate.

Baharat začin: U maloj posudi pomiješajte 2 žlice slatke paprike; 1 žlica crnog papra; 2 žličice sušene metvice, sitno zdrobljene; 2 žličice mljevenog kumina; 2 žličice mljevenog korijandera; 2 žličice mljevenog cimeta; 2 žličice mljevenog klinčića; 1 žličica mljevenog muškatnog oraščića; i 1 žličica mljevenog kardamoma. Čuvati u dobro zatvorenoj posudi na sobnoj temperaturi. Čini oko ½ šalice.

ŠPANJOLSKE KOKOŠI CORNISH

PRIPREMA: 10 minuta pečenja: 30 minuta pečenja: 6 minuta čini: 2 do 3 obroka

OVAJ RECEPT NE MOŽE BITI LAKŠI— A REZULTATI SU APSOLUTNO NEVJEROJATNI. OBILNE KOLIČINE DIMLJENE PAPRIKE, ČEŠNJAKA I LIMUNA DAJU OVIM MINIJATURNIM PTICAMA VELIKI OKUS.

2 Cornish kokoši od 1½ funte, odmrznute ako su smrznute
1 žlica maslinovog ulja
6 češnja češnjaka nasjeckanog
2 do 3 žlice dimljene slatke paprike
¼ do ½ žličice kajenskog papra (po želji)
2 limuna, narezana na četvrtine
2 žlice nasjeckanog svježeg peršina (po želji)

1. Zagrijte pećnicu na 375°F. Da biste raščetvorili divljač, kuhinjskim škarama ili oštrim nožem zarežite uzduž obje strane uske kralježnice. Otvorite pticu leptira i prerežite kokoš na pola kroz prsnu kost. Uklonite stražnje četvrtine tako što ćete zarezati kožu i meso koje odvaja batak od prsa. Držite krilo i prsa netaknutima. Utrljajte maslinovim uljem komade Cornish kokoši. Pospite nasjeckanim češnjakom.

2. Stavite komade kokoši, s kožom prema gore, u izuzetno veliku tavu za pećnicu. Pospite dimljenom paprikom i kajenskom paprikom. Iscijedite četvrtine limuna preko kokoši; dodajte četvrtine limuna u tavu. U tavi okrenite komade kokoši s kožom prema dolje. Pokrijte i pecite 30 minuta. Izvadite tavu iz pećnice.

3. Zagrijte brojlere. Pomoću hvataljki okrenite dijelove. Podesite rešetku pećnice. Pecite 4 do 5 inča od topline 6 do 8 minuta dok koža ne porumeni i kokoši budu gotove (175°F). Prelijte sokom od tave. Po želji pospite peršinom.

CORNISH KOKOŠI PEČENE NA PISTACIJAMA SA SALATOM OD RIKULE, MARELICE I KOMORAČA

PRIPREMA: 30 minuta hlađenje: 2 do 12 sati pečenje: 50 minuta stajanje: 10 minuta čini: 8 porcija

NAPRAVLJEN PESTO OD PISTACIJAS PERŠINOM, MAJČINOM DUŠICOM, ČEŠNJAKOM, NARANČINOM KORICOM, NARANČINIM SOKOM, A MASLINOVO ULJE SE SVAKOJ PTICI UGURA POD KOŽU PRIJE MARINIRANJA.

- 4 Cornish kokoši od 20 do 24 unce
- 3 šalice sirovih pistacija
- 2 žlice nasjeckanog svježeg talijanskog (plosnatog) peršina
- 1 žlica nasjeckanog timijana
- 1 veliki češanj češnjaka, samljeven
- 2 žličice sitno naribane narančine kore
- 2 žlice svježeg soka od naranče
- ¾ šalice maslinovog ulja
- 2 velika luka, tanko narezana
- ½ šalice svježeg soka od naranče
- 2 žlice svježeg soka od limuna
- ¼ žličice svježe mljevenog crnog papra
- ¼ žličice suhe gorušice
- 2 pakiranja rikule od 5 unci
- 1 velika lukovica komorača, tanko naribana
- 2 žlice nasjeckanih listova komorača
- 4 marelice očistite od koštica i narežite na tanke kriške

1. Isperite unutrašnjost Cornish divljači. Vežite noge kuhinjskom uzicom od 100% pamuka. Gurnite krila ispod tijela; Staviti na stranu.

2. U procesoru hrane ili blenderu pomiješajte pistacije, peršin, majčinu dušicu, češnjak, narančinu koricu i narančin sok. Procesirajte dok se ne stvori gruba pasta. Dok procesor radi, dodajte ¼ šalice maslinovog ulja u laganom, ravnomjernom mlazu.

3. Prstima olabavite kožu na prsima kokoši kako biste napravili džep. Jednu četvrtinu mješavine pistacija ravnomjerno rasporedite po koži. Ponovite s preostalim kokošima i mješavinom pistacija. Po dnu posude za pečenje rasporedite narezani luk; stavite kokoši, s prsima prema gore, na vrh luka. Pokrijte i stavite u hladnjak na 2 do 12 sati.

4. Zagrijte pećnicu na 425°F. Pecite kokoši 30 do 35 minuta ili dok termometar s trenutnim očitanjem umetnut u unutarnji mišić bedra ne zabilježi 175°F.

5. U međuvremenu, za preljev, u maloj posudi pomiješajte sok od naranče, limunov sok, papar i senf. Dobro promiješajte. Dodajte preostalih ½ šalice maslinovog ulja u laganom ravnomjernom mlazu, neprestano miješajući.

6. Za salatu, u velikoj zdjeli pomiješajte rikulu, komorač, lišće komorača i marelice. Lagano prelijte dresingom; dobro baciti. Rezervirajte dodatnu oblogu za drugu svrhu.

7. Izvadite kokoši iz pećnice; labavo prekrijte folijom i ostavite stajati 10 minuta. Za posluživanje ravnomjerno podijelite salatu na osam tanjura za posluživanje. Kokoši po dužini prepoloviti; stavite kokošje polovice na salate. Poslužite odmah.

PAČJA PRSA S NAROM I SALATOM OD JICAMA

PRIPREMA: 15 minuta kuhanja: 15 minuta čini: 4 porcije

REZANJE DIJAMANTNOG UZORKA UMASNOĆA S PAČJIH PRSA OMOGUĆUJE MASNOĆI DA ISCURI DOK SE PRSA ZAČINJENA GARAM MASALOM KUHAJU. OCIJEDI SE POMIJEŠAJU S JICAMA, SJEMENKAMA NARA, SOKOM OD NARANČE I GOVEĐOM JUHOM TE POMIJEŠAJU SA ZELENIM PAPROM DA MALO UVENU.

4 prsa mošusne patke bez kostiju (ukupno oko 1½ do 2 funte)

1 žlica garam masale

1 žlica nerafiniranog kokosovog ulja

2 šalice oguljenih jicama narezanih na kockice

½ šalice sjemenki nara

¼ šalice svježeg soka od naranče

¼ šalice juhe od goveđih kostiju (vidi recept) ili goveđu juhu bez dodatka soli

3 šalice potočarke, bez peteljki

3 šalice natrganog friséea i/ili tanko narezanog belgijskog endivija

1. Oštrim nožem napravite plitke rezove u dijamantnim uzorcima na masnoći pačjih prsa u razmacima od 1 inča. Pospite obje strane polovica prsa garam masalom. Zagrijte iznimno veliku tavu na srednje jakoj vatri. Otopite kokosovo ulje u vrućoj tavi. Stavite polovice prsa, kožom prema dolje, u tavu. Kuhajte 8 minuta s kožom prema dolje, pazeći da ne porumene prebrzo (smanjite vatru ako je potrebno). Okrenite pača prsa; kuhajte još 5 do 6 minuta ili dok termometar s trenutnim očitanjem umetnut u polovice prsa ne zabilježi 145°F za srednju. Uklonite polovice prsa, ostavljajući kapalice u tavi; pokriti folijom da ostane toplo.

2. Za preljev, dodajte jicama u kapalice u tavi; kuhati i miješati 2 minute na srednjoj vatri. Dodajte sjemenke nara, sok od naranče i juhu od goveđih kostiju u tavu. Dovesti do vrenja; odmah maknuti s vatre.

3. Za salatu, u velikoj zdjeli pomiješajte potočarku i frisée. Zelenje prelijte vrućim preljevom; baciti na kaput.

4. Podijelite salatu na četiri tanjura. Pačja prsa tanko narežite i posložite na salate.

PEČENA PURICA S PIREOM OD ČEŠNJAKA

PRIPREMA:1 sat pečenja: 2 sata 45 minuta stajanje: 15 minuta čini: 12 do 14 porcija

POTRAŽITE PURICU KOJA IMANIJE UBRIZGANA OTOPINA SOLI. AKO NA ETIKETI PIŠE "POBOLJŠANO" ILI "SAMOZALIJEVANJE", VJEROJATNO JE PUNO NATRIJA I DRUGIH ADITIVA.

- 1 purica od 12 do 14 funti
- 2 žlice mediteranskog začina (vidi recept)
- ¼ šalice maslinovog ulja
- 3 kilograma srednje velike mrkve, oguljene, obrezane i prepolovljene ili narezane na četvrtine po dužini
- 1 recept od pirea od češnjaka (vidi recept, dolje)

1. Zagrijte pećnicu na 425°F. Uklonite vrat i iznutrice iz puretine; rezervirajte za drugu upotrebu ako želite. Pažljivo olabavite kožu s ruba dojke. Prođite prstima ispod kože kako biste napravili džep na vrhu grudi i na vrhu bataka. Žlica 1 žlica mediteranskog začina pod kožu; prstima ga ravnomjerno rasporedite po prsima i batakima. Povucite kožu vrata na leđa; pričvrstiti ražnjićem. Zavucite krajeve bataka ispod vrpce kože preko repa. Ako nema vrpce od kože, zavežite batake za rep kuhinjskom uzicom od 100% pamuka. Zavrnite vrhove krila ispod leđa.

2. Stavite puretinu, s prsima prema gore, na rešetku u plitku i veliku posudu za pečenje. Premažite puretinu s 2 žlice ulja. Puretinu pospite preostalim mediteranskim začinima. Umetnite termometar za meso u središte unutarnjeg bedrenog mišića; termometar ne smije dodirivati kost. Pokrijte puretinu labavo folijom.

3. Pecite 30 minuta. Smanjite temperaturu pećnice na 325°F. Pecite 1½ sat. U posebno velikoj zdjeli pomiješajte mrkvu i preostale 2 žlice ulja; baciti na kaput. U veliku obrubljenu tepsiju rasporedite mrkvu. Uklonite foliju s puretine i izrežite vrpcu kože ili vezicu između bataka. Pecite mrkvu i puretinu još 45 minuta do 1¼ sata ili dok termometar ne zabilježi 175°F.

4. Izvadite puretinu iz pećnice. Pokriti; ostavite stajati 15 do 20 minuta prije rezanja. Poslužite puretinu s mrkvom i pireom od češnjaka.

Pasirano korijenje od češnjaka: odrežite i ogulite 3 do 3½ funte rutabagasa i 1½ do 2 funte korijena celera; izrezati na komade od 2 inča. U loncu od 6 litara kuhajte rutabagas i korijen celera u dovoljno kipuće vode da ih pokrije 25 do 30 minuta ili dok vrlo ne omekšaju. U međuvremenu, u malom loncu pomiješajte 3 žlice ekstra djevičanskog ulja i 6 do 8 češnjeva nasjeckanog češnjaka. Kuhajte na laganoj vatri 5 do 10 minuta ili dok češnjak ne zamiriše, ali ne porumeni. Pažljivo dodajte ¾ šalice juhe od pileće kosti (vidi_recept_) ili pileća juha bez dodatka soli. Dovesti do vrenja; maknuti s vatre. Ocijedite povrće i vratite u lonac. Zgnječite povrće gnječilicom za krumpir ili mutite električnom miješalicom na niskoj razini. Dodajte ½ žličice crnog papra. Postupno zgnječite ili tucite smjesu juhe dok se povrće ne sjedini i postane gotovo glatko. Ako je potrebno, dodajte još ¼ šalice juhe od pileće kosti kako biste postigli željenu gustoću.

PUNJENA PUREĆA PRSA S PESTO UMAKOM I SALATOM OD RUKOLE

PRIPREMA: 30 minuta pečenja: 1 sat 30 minuta stajanja: 20 minuta čini: 6 porcija

OVO JE ZA LJUBITELJE BIJELOG MESAVANI - HRSKAVA PUREĆA PRSA PUNJENA SUŠENIM RAJČICAMA, BOSILJKOM I MEDITERANSKIM ZAČINIMA. OD OSTATAKA JE ODLIČAN RUČAK.

1 šalica nesumporiranih suhih rajčica (ne pakiranih u ulju)
1 polovica purećih prsa bez kostiju od 4 funte s kožom
3 žličice mediteranskog začina (vidi recept)
1 šalica slobodno upakiranih svježih listova bosiljka
1 žlica maslinovog ulja
8 unci mlade rikule
3 veće rajčice prepolovite i narežite na ploške
¼ šalice maslinovog ulja
2 žlice crvenog vinskog octa
Crni papar
1½ šalice pesta od bosiljka (vidi recept)

1. Zagrijte pećnicu na 375°F. U maloj zdjeli prelijte dovoljno kipuće vode preko suhih rajčica da prekriju. Ostavite stajati 5 minuta; ocijedite i sitno nasjeckajte.

2. Stavite pureća prsa, kožom prema dolje, na veliku plastičnu foliju. Stavite drugu plastičnu foliju preko puretine. Koristeći ravnu stranu čekića za meso, nježno istucite prsa na jednaku debljinu, debljine oko ¾ inča. Bacite plastičnu foliju. Pospite 1½ žličice mediteranskog začina po mesu. Na vrh stavite rajčice i listove bosiljka. Pažljivo zarolajte pureća prsa, zadržite kožu izvana. Kuhinjskim koncem od 100% pamuka zavežite pečenje na četiri do šest mjesta

kako biste ga učvrstili. Premažite 1 žlicom maslinovog ulja. Pečeno pospite preostalom 1½ žličicom mediteranskog začina.

3. Pečeno stavite na rešetku postavljenu u plitku posudu s kožom prema gore. Pecite nepokriveno 1½ sat ili dok termometar s trenutnim očitanjem umetnut blizu središta ne zabilježi 165°F, a koža ne postane zlatnosmeđa i hrskava. Izvadite puretinu iz pećnice. Labavo pokrijte folijom; ostavite stajati 20 minuta prije rezanja.

4. Za salatu od rikule, u velikoj zdjeli pomiješajte rikulu, rajčice, ¼ šalice maslinovog ulja, ocat i papar po ukusu. Od pečenja skinite konce. Tanko narežite puretinu. Poslužite uz salatu od rikule i pesto od bosiljka.

ZAČINJENA PUREĆA PRSA S BBQ UMAKOM OD TREŠANJA

PRIPREMA: 15 minuta pečenja: 1 sat 15 minuta stajanja: 45 minuta čini: 6 do 8 porcija

OVO JE LIJEP RECEPT ZAPOSLUŽIVANJE PUBLIKE NA ROŠTILJU U DVORIŠTU KADA ŽELITE RADITI NEŠTO DRUGO OSIM HAMBURGERA. POSLUŽITE UZ HRSKAVU SALATU, POPUT HRSKAVE SALATE OD BROKULE (VIDI<u>RECEPT</u>) ILI OBRIJANE SALATE OD PROKULICE (VIDI<u>RECEPT</u>).

1 cijela pureća prsa s kostima od 4 do 5 kilograma
3 žlice začina Smoky (vidi<u>recept</u>)
2 žlice svježeg soka od limuna
3 žlice maslinovog ulja
1 šalica suhog bijelog vina, kao što je Sauvignon Blanc
1 šalica svježih ili smrznutih nezaslađenih Bing trešanja, bez koštica i nasjeckanih
⅓ šalice vode
1 šalica BBQ umaka (vidi<u>recept</u>)

1. Ostavite pureća prsa da odstoje na sobnoj temperaturi 30 minuta. Zagrijte pećnicu na 325°F. Stavite pureća prsa, kožom prema gore, na rešetku u tavi za pečenje.

2. U maloj posudi pomiješajte začine Smoky, limunov sok i maslinovo ulje kako biste napravili pastu. Oslobodite kožu s mesa; polovicu tijesta nježno rasporedite po mesu ispod kože. Preostalu pastu ravnomjerno rasporedite po koži. Ulijte vino na dno posude za pečenje.

3. Pecite 1¼ do 1½ sata ili dok koža ne postane zlatnosmeđa, a termometar s trenutnim očitanjem umetnut u središte pečenja (ne dodirujući kost) ne zabilježi 170°F, okrećući

posudu za pečenje na pola vremena pečenja. Pustite da odstoji 15 do 30 minuta prije rezanja.

4. U međuvremenu, za BBQ umak od trešanja, u srednje velikoj tavi pomiješajte višnje i vodu. Dovesti do vrenja; smanjiti toplinu. Pirjajte nepoklopljeno 5 minuta. Umiješajte BBQ umak; pirjati 5 minuta. Poslužite toplo ili na sobnoj temperaturi uz puretinu.

PUREĆI FILE PIRJAN U VINU

PRIPREMA: 30 minuta kuhanja: 35 minuta čini: 4 porcije

KUHANJE PURETINE PEČENE U TAVIU KOMBINACIJI VINA, NASJECKANE ROMA RAJČICE, PILEĆE JUHE, SVJEŽEG ZAČINSKOG BILJA I MLJEVENE CRVENE PAPRIKE DAJE IZVRSTAN OKUS. POSLUŽITE OVO JELO POPUT GULAŠA U PLITKIM ZDJELICAMA I S VELIKIM ŽLICAMA KAKO BISTE UZ SVAKI ZALOGAJ DOBILI MALO UKUSNE JUHE.

2 pureća fileta od 8 do 12 unci, izrezana na komade od 1 inča

2 žlice začina za perad bez dodane soli

2 žlice maslinovog ulja

6 češnja češnjaka, mljevenog (1 žlica)

1 šalica nasjeckanog luka

½ šalice nasjeckanog celera

6 roma rajčica, očišćenih od sjemenki i nasjeckanih (oko 3 šalice)

½ šalice suhog bijelog vina, kao što je Sauvignon Blanc

½ šalice juhe od pileće kosti (vidi_recept_) ili pileća juha bez dodatka soli

½ žličice sitno nasjeckanog svježeg ružmarina

¼ do ½ žličice mljevene crvene paprike

½ šalice svježeg lišća bosiljka, nasjeckanog

½ šalice nasjeckanog svježeg peršina

1. U veliku zdjelu pomiješajte komade puretine sa začinima za perad. U posebno velikoj tavi koja se ne lijepi zagrijte 1 žlicu maslinovog ulja na srednje jakoj vatri. Pecite puretinu u porcijama na vrućem ulju dok ne porumeni sa svih strana. (Puretina se ne mora kuhati.) Prebacite na tanjur i držite na toplom.

2. Dodajte preostalu 1 žlicu maslinovog ulja u tavu. Pojačajte toplinu na srednje jaku. Dodajte češnjak; kuhati i miješati

1 minutu. Dodajte luk i celer; kuhati i miješati 5 minuta. Dodajte puretinu i sve sokove iz tanjura, rajčice, vino, juhu od pilećih kostiju, ružmarin i mljevenu crvenu papriku. Smanjite temperaturu na srednje nisku. Poklopite i kuhajte 20 minuta uz povremeno miješanje. Dodajte bosiljak i peršin. Otklopite i kuhajte još 5 minuta ili dok puretina više ne bude ružičasta.

PIRJANA PUREĆA PRSA S UMAKOM OD ŠKAMPA OD VLASCA

PRIPREMA:30 minuta kuhanja: 15 minuta čini: 4 porcije FOTOGRAFIJA

PREREZATI PUREĆE PEČENICE NA POLAHORIZONTALNO ŠTO JE RAVNOMJERNIJE MOGUĆE, LAGANO PRITISNITE SVAKI DLANOM PREMA DOLJE, UJEDNAČENIM PRITISKOM DOK REŽETE MESO.

- ¼ šalice maslinovog ulja
- 2 fileta purećih prsa od 8 do 12 unci, vodoravno prerezana na pola
- ¼ žličice svježe mljevenog crnog papra
- 3 žlice maslinovog ulja
- 4 češnja češnjaka, nasjeckana
- 8 unci oguljenih i odvojenih srednjih kozica, uklonjenih repova i prepolovljenih po dužini
- ¼ šalice suhog bijelog vina, juha od pilećih kostiju (vidi recept), ili pileća juha bez dodatka soli
- 2 žlice nasjeckanog svježeg vlasca
- ½ žličice sitno naribane kore limuna
- 1 žlica svježeg soka od limuna
- Squash rezanci i rajčice (vidi recept, dolje) (nije obavezno)

1. U posebno velikoj tavi zagrijte 1 žlicu maslinovog ulja na srednje jakoj vatri. Dodajte puretinu u tavu; pospite paprom. Smanjite vatru na srednju. Kuhajte 12 do 15 minuta ili dok više ne postane ružičasto i sok ne počne biti bistar (165°F), okrećite jednom na pola vremena kuhanja. Izvadite pureće odreske iz tave. Pokriti folijom da ostane toplo.

2. Za umak, u istoj tavi zagrijte 3 žlice ulja na srednje jakoj vatri. Dodajte češnjak; kuhajte 30 sekundi. Umiješajte škampe; kuhati i miješati 1 minutu. Umiješajte vino, vlasac

i koricu limuna; kuhajte i miješajte još 1 minutu ili dok škampi ne postanu neprozirni. Maknite s vatre; umiješajte sok od limuna. Za posluživanje žlicom prelijte umak preko purećih odreska. Po želji poslužite s rezancima za squash i rajčicama.

Rezanci za squash i rajčice: pomoću gulilice za mandoline ili julienne narežite 2 žute ljetne tikve na trakice za julienne. U velikoj tavi zagrijte 1 žlicu ekstra djevičanskog maslinovog ulja na srednje jakoj vatri. Dodajte trakice tikve; kuhati 2 minute. Dodajte 1 šalicu rajčica narezanih na četvrtine i ¼ žličice svježe mljevenog crnog papra; kuhajte još 2 minute ili dok tikva ne postane hrskava.

PIRJANI PUREĆI BUTOVI S KORJENASTIM POVRĆEM

PRIPREMA: 30 minuta kuhanja: 1 sat 45 minuta čini: 4 porcije

OVO JE JEDNO OD TIH JELAŽELITE NAPRAVITI U SVJEŽE JESENSKO POSLIJEPODNE KADA IMATE VREMENA ZA ŠETNJU DOK SE KRČKA U PEĆNICI. AKO VJEŽBA NE POBUDI APETIT, PREKRASAN MIRIS KAD UĐETE KROZ VRATA SIGURNO HOĆE.

3 žlice maslinovog ulja

4 pureća batka od 20 do 24 unce

½ žličice svježe mljevenog crnog papra

6 češnja češnjaka, oguljenih i zgnječenih

1½ žličice zgnječenih sjemenki komorača

1 žličica cijele pimente, mljevene*

1½ šalice juhe od pileće kosti (vidi recept) ili pileća juha bez dodatka soli

2 grančice svježeg ružmarina

2 grančice svježeg timijana

1 list lovora

2 velika luka, oguljena i izrezana na 8 kolutova

6 velikih mrkvi, oguljenih i narezanih na ploške od 1 inča

2 velike repe, oguljene i narezane na kockice od 1 inča

2 srednja pastrnjaka, oguljena i narezana na ploške od 1 inča**

1 korijen celera, oguljen i narezan na komade od 1 inča

1. Zagrijte pećnicu na 350°F. U velikoj tavi zagrijte maslinovo ulje na srednje jakoj vatri dok ne počne svjetlucati. Dodajte 2 pureća buta. Kuhajte oko 8 minuta ili dok krakovi ne porumene i hrskaju sa svih strana, ravnomjerno porumene. Prebacite pureće batake na tanjur; ponovite s preostala 2 pureća buta. Staviti na stranu.

2. U tavu dodajte papar, češnjak, sjemenke komorača i sjemenke pimenta. Kuhajte i miješajte na srednjoj vatri 1 do 2 minute ili dok ne zamiriše. Umiješajte juhu od pilećih kostiju, ružmarin, majčinu dušicu i lovorov list. Pustite da zavrije, miješajući da ostružete posmeđene komadiće s dna tave. Maknite tavu s vatre i stavite je sa strane.

3. U iznimno velikoj pećnici s poklopcem koji čvrsto prianja, pomiješajte luk, mrkvu, repu, pastrnjak i korijen celera. Dodajte tekućinu iz tave; baciti na kaput. U smjesu od povrća utisnite pureće batake. Pokrijte poklopcem.

4. Pecite oko 1 sat i 45 minuta ili dok povrće ne omekša i puretina ne bude pečena. Pureće batake i povrće poslužite u velikim plitkim zdjelama. Po vrhu pokapajte sok iz posude.

*Savjet: Za zgnječenje sjemenki pimenta i komorača, stavite sjemenke na dasku za rezanje. Koristeći ravnu stranu kuharskog noža, pritisnite prema dolje da lagano zgnječite sjemenke.

**Savjet: Narežite sve veće komade s vrhova pastrnjaka.

PUREĆA MESNA ŠTRUCA SA ZAČINSKIM BILJEM S KARAMELIZIRANIM KEČAPOM OD LUKA I PEČENIM KRIŠKAMA KUPUSA

PRIPREMA:15 minuta kuhanja: 30 minuta pečenja: 1 sat 10 minuta stajanja: 5 minuta čini: 4 porcije

KLASIČNA MESNA ŠTRUCA PRELIVENA KEČAPOM JE DEFINITIVNONA PALEO JELOVNIKU KADA JE KEČAP (VIDIRECEPT) JE BEZ SOLI I DODANIH ŠEĆERA. OVDJE SE KEČAP POMIJEŠA S KARAMELIZIRANIM LUKOM KOJI SE PRIJE PEČENJA NASLAGA NA VRH MESNE ŠTRUCE.

1½ funte mljevene puretine
2 jaja, lagano tučena
½ šalice obroka od badema
⅓ šalice nasjeckanog svježeg peršina
¼ šalice tanko narezanog mladog luka (2)
1 žlica narezane svježe kadulje ili 1 žličica sušene kadulje, zdrobljene
1 žlica nasjeckanog svježeg timijana ili 1 žličica osušenog, zdrobljenog timijana
¼ žličice crnog papra
2 žlice maslinovog ulja
2 glavice slatkog luka prepolovite i narežite na tanke ploške
1 šalica paleo kečapa (vidirecept)
1 manju glavicu kupusa, prepolovite, izvadite jezgru i narežite na 8 kriški
½ do 1 žličice mljevene crvene paprike

1. Zagrijte pećnicu na 350°F. Obložite veliki pleh papirom za pečenje; Staviti na stranu. U velikoj zdjeli pomiješajte mljevenu puretinu, jaja, brašno od badema, peršin, mladi luk, kadulju, timijan i crni papar. U pripremljenoj posudi

za pečenje oblikujte smjesu puretine u štrucu veličine 8×4 inča. Pecite 30 minuta.

2. U međuvremenu, za karamelizirani ketchup od luka, u velikoj tavi zagrijte 1 žlicu maslinovog ulja na srednje jakoj vatri. Dodajte luk; kuhajte oko 5 minuta ili dok luk tek ne počne smeđiti, često miješajući. Smanjite toplinu na srednje nisku; kuhajte oko 25 minuta ili dok ne porumeni i vrlo mekano, povremeno miješajući. Maknite s vatre; umiješajte paleo kečap.

3. Prelijte žlicom malo kečapa od karameliziranog luka preko pureće štruce. Rasporedite kriške kupusa oko štruce. Prelijte kupus s preostalom 1 žlicom maslinovog ulja; pospite mljevenom crvenom paprikom. Pecite oko 40 minuta ili dok termometar s trenutnim očitanjem umetnut u sredinu štruce ne zabilježi 165°F, prelijte s dodatnim karameliziranim kečapom od luka i okrećite kriške kupusa nakon 20 minuta. Ostavite pureću štrucu da odstoji 5 do 10 minuta prije rezanja.

4. Poslužite pureću štrucu s kriškama kupusa i preostalim kečapom od karameliziranog luka.

TURSKA POSOLE

PRIPREMA:20 minuta pečenja: 8 minuta kuhanja: 16 minuta čini: 4 porcije

DODACI ZA OVU TOPLU JUHU U MEKSIČKOM STILUSU VIŠE OD UKRASA. CILANTRO DODAJE PREPOZNATLJIV OKUS, AVOKADO DAJE KREMAST—A TOSTIRANA PEPITA DAJE DIVNU HRSKAVOST.

8 svježih rajčica

1¼ do 1½ funte mljevene puretine

1 crvena slatka paprika, očišćena od sjemenki i narezana na tanke trakice veličine zalogaja

½ šalice nasjeckanog luka (1 srednji)

6 češnja češnjaka, mljevenog (1 žlica)

1 žlica meksičkog začina (vidi_recept_)

2 šalice juhe od pileće kosti (vidi_recept_) ili pileća juha bez dodatka soli

1 limenka od 14,5 unce pečene rajčice bez dodane soli, neocijeđene

1 jalapeño ili serrano chile papričica, bez sjemenki i mljevena (vidi_Savjet_)

1 srednji avokado, prepolovljen, oguljen, bez sjemenki i narezan na tanke ploške

¼ šalice neslanih pepita, tostiranih (vidi_Savjet_)

¼ šalice narezanog svježeg cilantra

Kriške limete

1. Zagrijte brojler. Uklonite ljuske s rajčica i bacite ih. Tomatillos operite i narežite na polovice. Stavite polovice paradajza na nezagrijanu rešetku posude za pečenje tovnih pila. Pecite 4 do 5 inča od topline 8 do 10 minuta ili dok lagano ne pougljeni, okrećući jednom na pola pečenja. Malo ohladite na tavi na rešetki.

2. U međuvremenu, u velikoj tavi kuhajte puretinu, slatku papriku i luk na srednje jakoj vatri 5 do 10 minuta ili dok puretina ne porumeni, a povrće ne omekša, miješajući

drvenom kuhačom da se meso razbije dok se kuha. Po potrebi ocijediti masnoću. Dodajte češnjak i meksičke začine. Kuhajte i miješajte još 1 minutu.

3. U blenderu pomiješajte otprilike dvije trećine pougljenjenih tomatillosa i 1 šalicu juhe od pilećih kostiju. Pokrijte i miješajte dok ne postane glatko. Dodajte smjesi puretine u tavi. Umiješajte preostalu 1 šalicu juhe od pilećih kostiju, neocijeđene rajčice i čili papričicu. Grubo nasjeckajte preostale rajčice; dodajte u smjesu puretine. Dovesti do vrenja; smanjiti toplinu. Poklopite i pirjajte 10 minuta.

4. Za posluživanje ulijte juhu u plitke zdjelice za posluživanje. Povrh stavite avokado, pepitas i cilantro. Stavite kriške limete da se iscijede preko juhe.

JUHA OD PILEĆIH KOSTIJU

PRIPREMA:15 minuta pečenja: 30 minuta kuhanja: 4 sata hlađenja: preko noći čini: oko 10 šalica

ZA NAJSVJEŽIJI, NAJBOLJI OKUS—I NAJVIŠISADRŽAJ HRANJIVIH TVARI—KORISTITE DOMAĆU PILEĆU JUHU U SVOJIM RECEPTIMA. (TAKOĐER NE SADRŽI SOL, KONZERVANSE ILI ADITIVE.) PEČENJE KOSTIJU PRIJE KUHANJA POBOLJŠAVA OKUS. DOK SE POLAKO KUHAJU U TEKUĆINI, KOSTI U JUHU UNOSE MINERALE POPUT KALCIJA, FOSFORA, MAGNEZIJA I KALIJA. VARIJACIJA KUHALA ZA SPORO KUHANJE U NASTAVKU ČINI TO POSEBNO LAKIM ZA IZRADU. ZAMRZNITE GA U POSUDAMA OD 2 I 4 ŠALICE I ODMRZNITE SAMO ONO ŠTO VAM JE POTREBNO.

- 2 kilograma pilećih krilaca i leđa
- 4 mrkve, nasjeckane
- 2 veća poriluka, samo bijele i blijedo zelene dijelove, narezati na tanke ploške
- 2 stabljike celera s listovima krupno nasjeckane
- 1 krupno nasjeckan pastrnjak
- 6 velikih grančica talijanskog (plosnatog) peršina
- 6 grančica svježeg timijana
- 4 češnja češnjaka, prepolovljena
- 2 žličice cijelih zrna crnog papra
- 2 cijela klinčića
- Hladna voda

1. Zagrijte pećnicu na 425°F. Pileća krilca i hrbat složiti na veliki lim za pečenje; pecite 30 do 35 minuta ili dok dobro ne porumene.

2. Premjestite zapečene komade piletine i sve zapečene komadiće nakupljene na limu za pečenje u veliki temeljac. Dodajte mrkvu, poriluk, celer, pastrnjak, peršin, majčinu

dušicu, češnjak, papar u zrnu i klinčiće. Dodajte dovoljno hladne vode (oko 12 šalica) u veliki temeljac da prekrije piletinu i povrće. Pustite da lagano kuha na srednjoj vatri; podesite toplinu kako bi juha lagano ključala, s mjehurićima koji samo pucaju na površini. Poklopite i pirjajte 4 sata.

3. Vruću juhu procijedite kroz veliko cjedilo obloženo s dva sloja vlažne 100% pamučne gaze. Odbacite čvrste tvari. Pokrijte juhu i ohladite preko noći. Prije upotrebe uklonite sloj masnoće s vrha juhe i bacite je.

Savjet: Za pročišćavanje temeljca (po izboru), u maloj posudi pomiješajte 1 bjelanjak, 1 zgnječenu ljusku jajeta i ¼ šalice hladne vode. Umiješajte smjesu u procijeđeni temeljac u loncu. Vratiti na kuhanje. Maknite s vatre; ostavite stajati 5 minuta. Vruću juhu procijedite kroz cjedilo obloženo svježim dvostrukim slojem 100% pamučne gaze. Prije upotrebe ohladite i skinite masnoću.

Upute za sporo kuhanje: pripremite prema uputama, osim što u koraku 2 sastojke stavite u sporo kuhalo od 5 do 6 litara. Poklopite i kuhajte na laganoj vatri 12 do 14 sati. Nastavite prema uputama u 3. koraku. Za oko 10 šalica.

ZELENI HARISSA LOSOS

PRIPREMA: 25 minuta pečenja: 10 minuta roštilja: 8 minuta čini: 4 porcije FOTOGRAFIJA

KORISTI SE STANDARDNA MAŠINA ZA GULJENJE POVRĆA NAREZATI SVJEŽE SIROVE ŠPAROGE NA TANKE VRPCE ZA SALATU. PRELIVEN VINAIGRETOM OD SVIJETLIH CITRUSA (VIDI RECEPT) I PRELIVEN ZADIMLJENO PRŽENIM SJEMENKAMA SUNCOKRETA, OSVJEŽAVAJUĆI JE DODATAK UMAKU OD LOSOSA I ZAČINJENOG ZELENOG BILJA.

LOSOS
4 svježa ili smrznuta fileta lososa od 6 do 8 unci bez kože, debljine oko 1 inča
Maslinovo ulje

HARISSA
1½ žličice sjemenki kumina
1½ žličice sjemenki korijandera
1 šalica čvrsto zbijenog svježeg lišća peršina
1 šalica grubo nasjeckanog svježeg cilantra (listovi i stabljike)
2 jalapeñosa, bez sjemenki i grubo nasjeckana (vidi Savjet)
1 mladi mladi luk, narezan
2 češnja češnjaka
1 žličica sitno naribane kore limuna
2 žlice svježeg soka od limuna
⅓ šalice maslinovog ulja

ZAČINJENE SJEMENKE SUNCOKRETA
⅓ šalice sirovih sjemenki suncokreta
1 žličica maslinovog ulja
1 žličica začina Smoky (vidi recept)

SALATA
12 velikih koplja šparoga, obrezanih (oko 1 funta)
⅓ šalice Bright Citrus Vinaigrette (vidi recept)

1. Odmrznite ribu, ako je smrznuta; osušite papirnatim ručnicima. Obje strane ribe lagano premažite maslinovim uljem. Staviti na stranu.

2. Za harissu, u maloj tavi tostirajte sjemenke kumina i sjemenke korijandera na srednje niskoj vatri 3 do 4 minute ili dok se lagano ne ispeku i ne zamirišu. U sjeckalici pomiješajte pržene sjemenke kumina i korijandera, peršin, cilantro, jalapeños, mladi luk, češnjak, limunovu koricu, limunov sok i maslinovo ulje. Procesirajte dok ne postane glatko. Staviti na stranu.

3. Za začinjene suncokretove sjemenke zagrijte pećnicu na 300°F. Lim za pečenje obložite papirom za pečenje; Staviti na stranu. U maloj posudi pomiješajte sjemenke suncokreta i 1 žličicu maslinovog ulja. Pospite Smoky Seasoning preko sjemenki; promiješajte da se obloži. Na papir za pečenje ravnomjerno rasporedite sjemenke suncokreta. Pecite oko 10 minuta ili dok se lagano ne prepeče.

4. Za roštilj na ugljen ili plin, stavite losos na podmazanu rešetku roštilja izravno na srednju vatru. Pokrijte i pecite na roštilju 8 do 12 minuta ili dok se riba ne počne ljuštiti kada je isprobate vilicom, okrećući jednom na pola pečenja.

5. U međuvremenu, za salatu, gulilicom za povrće narežite šparoge na dugačke tanke vrpce. Prebacite na pladanj ili srednju zdjelu. (Vrhovi će se otkinuti kako koplje postaje tanje; dodajte ih na pladanj ili zdjelu.) Prelijte Bright Citrus Vinaigrette preko obrijanih kopalja. Pospite začinjenim sjemenkama suncokreta.

6. Za posluživanje na svaki od četiri tanjura stavite po jedan file; žlicom malo zelene harise na svaki file. Poslužite uz salatu od naribanih šparoga.

LOSOS NA ŽARU SA SALATOM OD MARINIRANOG SRCA OD ARTIČOKE

PRIPREMA: 20 minuta roštilja: 12 minuta čini: 4 porcije

ČESTO SU NAJBOLJI ALATI ZA BACANJE SALATE SU TVOJE RUKE. NJEŽNE ZELENE SALATE I ARTIČOKE NA ŽARU RAVNOMJERNO RASPOREDITE U OVU SALATU NAJBOLJE JE ČISTIM RUKAMA.

4 fileta svježeg ili smrznutog lososa od 6 unci
1 paket od 9 unci smrznutih srca artičoka, odmrznutih i ocijeđenih
5 žlica maslinovog ulja
2 žlice mljevene ljutike
1 žlica sitno naribane kore limuna
¼ šalice svježeg soka od limuna
3 žlice narezanog svježeg origana
½ žličice svježe mljevenog crnog papra
1 žlica mediteranskog začina (vidi recept)
1 paket od 5 unci miješane mlade salate

1. Odmrznite ribu, ako je smrznuta. Isperite ribu; osušite papirnatim ručnicima. Ostavite ribu sa strane.

2. U srednjoj zdjeli pomiješajte srca artičoke s 2 žlice maslinovog ulja; Staviti na stranu. U velikoj zdjeli pomiješajte 2 žlice maslinovog ulja, ljutiku, limunovu koricu, limunov sok i origano; Staviti na stranu.

3. Za roštilj na ugljen ili plin, stavite srca artičoka u košaru za roštilj i pecite izravno na srednje jakoj vatri. Pokrijte i pecite na roštilju 6 do 8 minuta ili dok lijepo ne pougljeni i zagrije se, često miješajući. Uklonite artičoke s roštilja. Pustite da se ohladi 5 minuta, a zatim dodajte artičoke u

smjesu ljutike. Začinite paprom; baciti na kaput. Staviti na stranu.

4. Premažite losos preostalom 1 žlicom maslinovog ulja; pospite mediteranskim začinima. Stavite lososa na rešetku za roštilj, začinjene strane prema dolje, izravno na srednje jaku vatru. Pokrijte i pecite na roštilju 6 do 8 minuta ili dok se riba ne počne ljuštiti kada se isproba vilicom, pažljivo je okrećući jednom na pola pečenja.

5. Dodajte zelene salate u zdjelu s mariniranim artičokama; lagano baciti na kaput. Salatu poslužite uz pečeni losos.

BRZO PEČENI ČILE-LOSOS OD KADULJE SA SALSOM OD ZELENIH RAJČICA

PRIPREMA:35 minuta hlađenje: 2 do 4 sata pečenje: 10 minuta čini: 4 porcije

"FLASH-ROASTING" SE ODNOSI NA TEHNIKUZAGRIJATI SUHU TAVU U PEĆNICI NA VISOKOJ TEMPERATURI, DODATI MALO ULJA I RIBU, PILETINU ILI MESO (CVRČI!), PA DOVRŠITI JELO U PEĆNICI. BRZO PEČENJE SKRAĆUJE VRIJEME KUHANJA I STVARA UKUSNU HRSKAVU KORICU IZVANA—I SOČNU, AROMATIČNU UNUTRAŠNJOST.

LOSOS

4 fileta svježeg ili smrznutog lososa od 5 do 6 unci
3 žlice maslinovog ulja
¼ šalice sitno nasjeckanog luka
2 češnja češnjaka, oguljena i narezana na ploške
1 žlica mljevenog korijandera
1 žličica mljevenog kima
2 žličice slatke paprike
1 žličica sušenog origana, zdrobljenog
¼ žličice kajenskog papra
⅓ šalice svježeg soka od limete
1 žlica narezane svježe kadulje

SALSA OD ZELENIH RAJČICA

1½ šalice čvrstih zelenih rajčica narezanih na kockice
⅓ šalice sitno nasjeckanog crvenog luka
2 žlice narezanog svježeg cilantra
1 jalapeño, bez sjemenki i samljeven (vidiSavjet)
1 režanj češnjaka, samljeven
½ žličice mljevenog kima
¼ žličice čilija u prahu

2 do 3 žlice svježeg soka od limete

1. Odmrznite ribu, ako je smrznuta. Isperite ribu; osušite papirnatim ručnicima. Ostavite ribu sa strane.

2. Za pastu od čilija i kadulje, u malom loncu pomiješajte 1 žlicu maslinovog ulja, luk i češnjak. Kuhajte na laganoj vatri 1 do 2 minute ili dok ne zamiriše. Umiješajte korijander i kumin; kuhati i miješati 1 minutu. Umiješajte papriku, origano i kajenski papar; kuhati i miješati 1 minutu. Dodajte sok od limete i kadulje; kuhajte i miješajte oko 3 minute ili samo dok se ne formira glatka pasta; cool.

3. Filete prstima premažite s obje strane pastom od čilija i kadulje. Stavite ribu u staklenu posudu ili posudu koja ne reaguje; čvrsto pokrijte plastičnom folijom. Stavite u hladnjak na 2 do 4 sata.

4. U međuvremenu, za salsu, u srednjoj zdjeli pomiješajte rajčice, luk, cilantro, jalapeño, češnjak, kumin i čili u prahu. Dobro promiješajte da se izmiješa. Prelijte sokom limete; baciti na kaput.

4. Pomoću gumene lopatice sastružite što više paste s lososa. Odbaciti pastu.

5. Stavite izuzetno veliku tavu od lijevanog željeza u pećnicu. Uključite pećnicu na 500°F. Zagrijte pećnicu s tavom u njoj.

6. Izvadite vruću tavu iz pećnice. U tavu ulijte 1 žlicu maslinovog ulja. Napojnicu za prekrivanje dna tave uljem. Stavite filete u tavu, kožom prema dolje. Premažite vrhove fileta preostalom 1 žlicom maslinovog ulja.

7. Pecite losos oko 10 minuta ili dok se riba ne počne ljuštiti kada je isprobate vilicom. Poslužite ribu sa šalšom.

PEČENI LOSOS I ŠPAROGE U PAPILOTI S PESTOM OD LIMUNA I LJEŠNJAKA

PRIPREMA: 20 minuta pečenja: 17 minuta čini: 4 porcije

KUHANJE "EN PAPILLOTE" JEDNOSTAVNO ZNAČI KUHANJE U PAPIRU. TO JE LIJEP NAČIN KUHANJA IZ MNOGO RAZLOGA. RIBA I POVRĆE KUHAJU SE NA PARI UNUTAR PERGAMENTNE VREĆICE, ZATVARAJUĆI SOKOVE, OKUS I HRANJIVE SASTOJKE—I NEMA LONACA I TAVA ZA PRANJE NAKON TOGA.

4 fileta svježeg ili smrznutog lososa od 6 unci
1 šalica lagano upakiranih listova svježeg bosiljka
1 šalica lagano upakiranog svježeg lišća peršina
½ šalice prženih lješnjaka*
5 žlica maslinovog ulja
1 žličica sitno naribane kore limuna
2 žlice svježeg soka od limuna
1 režanj češnjaka, nasjeckan
1 funta vitkih šparoga, orezanih
4 žlice suhog bijelog vina

1. Odmrznite losos, ako je smrznut. Isperite ribu; osušite papirnatim ručnicima. Zagrijte pećnicu na 400°F.

2. Za pesto, u blenderu ili procesoru hrane pomiješajte bosiljak, peršin, lješnjake, maslinovo ulje, limunovu koricu, limunov sok i češnjak. Pokrijte i pomiješajte ili obradite dok ne postane glatko; Staviti na stranu.

3. Izrežite četiri kvadrata od 12 inča od papira za pečenje. Za svaki paket stavite file lososa u sredinu kvadrata pergamenta. Prelijte jednom četvrtinom šparoga i 2 do 3 žlice pesta; podlijte 1 žlicom vina. Podignite dvije

suprotne strane papira za pečenje i preklopite ih nekoliko puta preko ribe. Savijte krajeve pergamenta kako biste ih zatvorili. Ponovite da napravite još tri paketa.

4. Pecite 17 do 19 minuta ili dok se riba ne počne ljuštiti kada se isproba vilicom (pažljivo otvorite paket da provjerite spremnost).

*Savjet: Za tostiranje lješnjaka zagrijte pećnicu na 350°F. U plitku tepsiju rasporedite orahe u jednom sloju. Pecite 8 do 10 minuta ili dok se lagano ne prepeče, jednom promiješajte da se ravnomjerno prepeče. Orahe malo ohladiti. Stavite tople orahe na čistu kuhinjsku krpu; trljajte ručnikom kako biste uklonili opuštenu kožu.

LOSOS NATRLJAN ZAČINIMA S UMAKOM OD GLJIVA I JABUKE

POČETAK DO KRAJA: 40 minuta čini: 4 porcije

OVAJ CIJELI FILE LOSOSA PRELIVENO MJEŠAVINOM PIRJANIH GLJIVA, LJUTIKE, KRIŠKAMA JABUKE S CRVENOM KOROM—I POSLUŽENO NA PODLOZI OD SVIJETLOZELENOG ŠPINATA—ČINI IMPRESIVNO JELO ZA POSLUŽIVANJE GOSTIMA.

1 1½-funta svježeg ili smrznutog cijelog fileta lososa, s kožom
1 žličica sjemenki komorača, sitno zgnječenih*
½ žličice sušene kadulje, zdrobljene
½ žličice mljevenog korijandera
¼ žličice suhe gorušice
¼ žličice crnog papra
2 žlice maslinovog ulja
1½ šalice svježih cremini gljiva, narezanih na četvrtine
1 srednja ljutika, vrlo tanko narezana
1 mala jabuka za kuhanje, narezana na četvrtine, izrezana jezgra i tanko narezana
¼ šalice suhog bijelog vina
4 šalice svježeg špinata
Male grančice svježe kadulje (po želji)

1. Odmrznite losos, ako je smrznut. Zagrijte pećnicu na 425°F. Obložite veliki pleh papirom za pečenje; Staviti na stranu. Isperite ribu; osušite papirnatim ručnicima. Stavite lososa, s kožom prema dolje, na pripremljeni lim za pečenje. U maloj posudi pomiješajte sjemenke komorača, ½ žličice sušene kadulje, korijander, senf i papar. Ravnomjerno pospite preko lososa; utrljajte prstima.

2. Izmjerite debljinu ribe. Pecite losos 4 do 6 minuta po debljini od ½ inča ili dok se riba ne počne ljuštiti kada je isprobate vilicom.

3. U međuvremenu, za pan umak, u velikoj tavi zagrijte maslinovo ulje na srednje jakoj vatri. Dodajte gljive i ljutiku; kuhajte 6 do 8 minuta ili dok gljive ne omekšaju i počnu rumeniti, povremeno miješajući. Dodajte jabuku; poklopiti i kuhati i miješati još 4 minute. Pažljivo dodajte vino. Kuhajte bez poklopca 2 do 3 minute ili dok kriške jabuke ne omekšaju. Koristeći šupljikavu žlicu, prebacite smjesu gljiva u zdjelu srednje veličine; poklopiti da ostane toplo.

4. U istoj tavi kuhajte špinat 1 minutu ili dok špinat ne uvene, stalno miješajući. Podijelite špinat na četiri tanjura za posluživanje. Filet lososa narežite na četiri jednaka dijela, zarežite do kože, ali ne do kraja. Koristite veliku lopaticu da skinete dijelove lososa s kože; na svaki tanjur stavite jednu porciju lososa na špinat. Mješavinu gljiva ravnomjerno rasporedite po lososu. Po želji ukrasite svježom kaduljom.

*Savjet: Upotrijebite mužar i tučak ili mlin za začine kako biste sitno zdrobili sjemenke komorača.

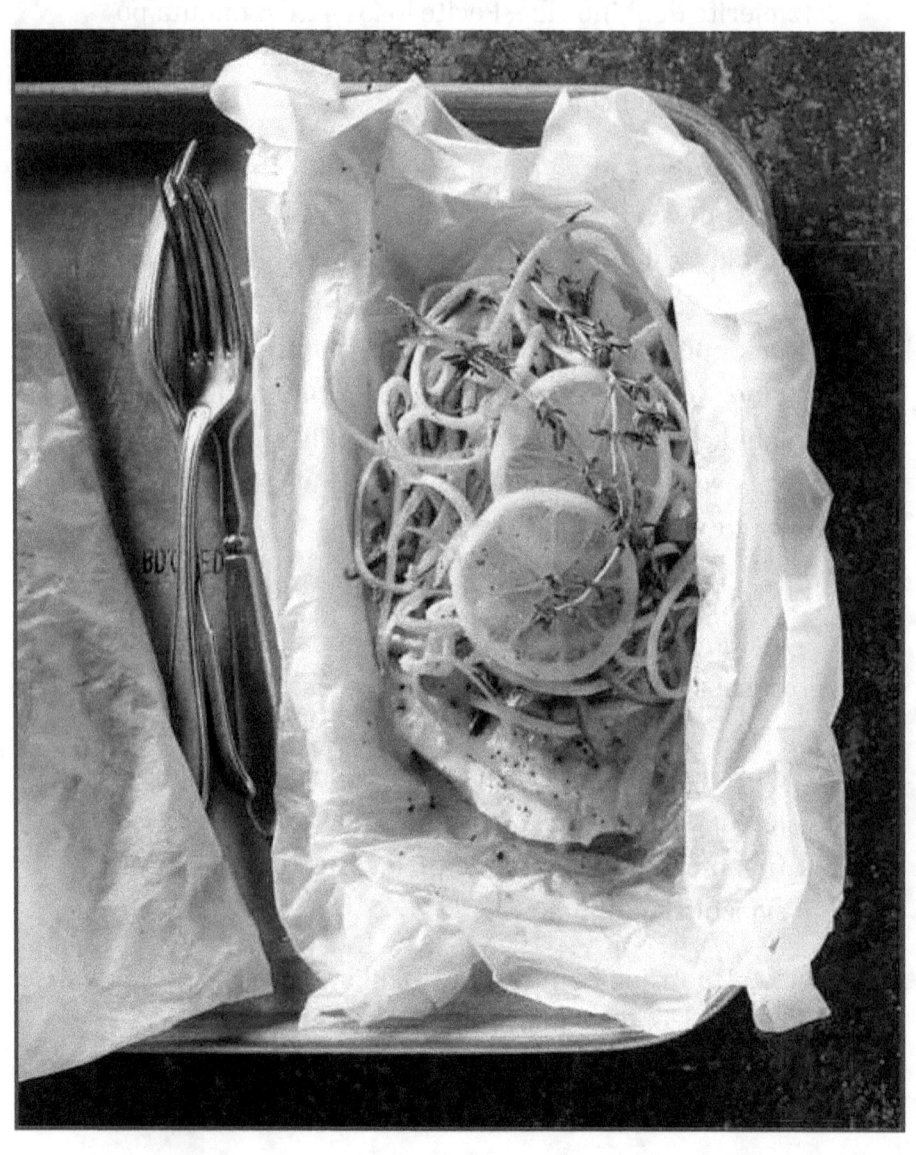

SOLE EN PAPILLOTE S JULIENNE POVRĆEM

PRIPREMA:30 minuta pečenja: 12 minuta čini: 4 porcijeFOTOGRAFIJA

SVAKAKO MOŽETE JULIENNE POVRĆES DOBRIM OŠTRIM KUHARSKIM NOŽEM, ALI ODUZIMA PUNO VREMENA. GULILICA ZA JULIENNE (VIDI"OPREMA") BRZO STVARA DUGE, TANKE, UJEDNAČENO OBLIKOVANE TRAKE POVRĆA.

4 svježa ili smrznuta fileta lista, iverka ili druge čvrste bijele ribe od 6 unci

1 tikvica, julienne rez

1 velika mrkva, izrezana za julienne

½ crvenog luka, narezanog na julienne

2 roma rajčice, očišćene od sjemenki i sitno nasjeckane

2 češnja češnjaka, mljevena

1 žlica maslinovog ulja

½ žličice crnog papra

1 limun, izrezan na 8 tankih kriški, bez sjemenki

8 grančica svježeg timijana

4 žličice maslinovog ulja

¼ šalice suhog bijelog vina

1. Odmrznite ribu, ako je smrznuta. Zagrijte pećnicu na 375°F. U velikoj zdjeli pomiješajte tikvice, mrkvu, luk, rajčice i češnjak. Dodajte 1 žlicu maslinovog ulja i ¼ žličice papra; dobro promiješajte da se sjedini. Ostavite povrće sa strane.

2. Izrežite četiri kvadrata od 14 inča od papira za pečenje. Isperite ribu; osušite papirnatim ručnicima. Stavite filet u sredinu svakog kvadrata. Pospite preostalom ¼ žličice papra. Rasporedite povrće, kriške limuna i grančice majčine dušice na vrh fileta, ravnomjerno raspodijelivši.

Svaki hrp pokapajte s 1 žličicom maslinovog ulja i 1 žlicom bijelog vina.

3. Radeći s paketom po paketom, podignite dvije suprotne strane papira za pečenje i presavijte ih nekoliko puta preko ribe. Savijte krajeve pergamenta kako biste ih zatvorili.

4. Paketiće slažite na veliki lim za pečenje. Pecite oko 12 minuta ili dok se riba ne počne ljuštiti kada se isproba vilicom (pažljivo otvorite paket da provjerite spremnost).

5. Za posluživanje stavite svaki paketić na tanjur; pažljivo otvarati pakete.

RIBLJI TACOS S PESTOM OD RUKOLE I KREMOM OD DIMLJENE LIMETE

PRIPREMA: 30 minuta roštilja: 4 do 6 minuta po debljini od ½ inča čini: 6 porcija

TABLAN MOŽETE ZAMIJENITI BAKALAROM— SAMO NE TILAPIJU. TILAPIJA JE NAŽALOST JEDAN OD NAJGORIH IZBORA ZA RIBE. UZGAJA SE GOTOVO POSVUDA NA FARMAMA I ČESTO U UŽASNIM UVJETIMA—PA IAKO JE TILAPIJA GOTOVO SVEPRISUTNA, TREBA JE IZBJEGAVATI.

4 svježa ili smrznuta fileta lista od 4 do 5 unci, debljine oko ½ inča

1 recept Pesto od rukole (vidi_recept_)

½ šalice kreme od indijskih oraščića (vidi_recept_)

1 žličica začina Smoky (vidi_recept_)

½ žličice sitno naribane kore limete

12 listova zelene salate

1 zreli avokado, prepolovljen, očišćen od sjemenki, oguljen i narezan na tanke ploške

1 šalica nasjeckane rajčice

¼ šalice narezanog svježeg cilantra

1 limeta, izrezana na kriške

1. Odmrznite ribu, ako je smrznuta. Isperite ribu; osušite papirnatim ručnicima. Ostavite ribu sa strane.

2. Natrljajte malo pesta od rukole na obje strane ribe.

3. Za roštilj na ugljen ili plin, stavite ribu na podmazanu rešetku izravno na srednju vatru. Pokrijte i pecite na roštilju 4 do 6 minuta ili dok se riba ne počne ljuštiti kada je isprobate vilicom, okrećući jednom na pola pečenja.

4. U međuvremenu, za kremu od dimljene limete, u maloj posudi pomiješajte kremu od indijskih oraščića, dimljene začine i koricu limete.

5. Vilicom izlomite ribu na komade. Napunite listove maslaca ribom, kriškama avokada i rajčicom; pospite cilantrom. Prelijte tacose kremom od dimljene limete. Poslužite s kriškama limete koje ćete staviti preko tacosa.

POTPLAT S KOROM OD BADEMA

PRIPREMA: 15 minuta kuhanja: 3 minute čini: 2 porcije

SAMO MALO BADEMOVOG BRAŠNA STVARA LIJEPU KORICU NA OVOJ RIBI PRŽENOJ U TAVI KOJA SE IZUZETNO BRZO PRIPREMA I POSLUŽUJE SE S KREMASTOM MAJONEZOM I MALO SVJEŽEG LIMUNA.

12 unci svježih ili smrznutih fileta lista
1 žlica začina od limuna i začina (vidi recept)
¼ do ½ žličice crnog papra
⅓ šalice bademovog brašna
2 do 3 žlice maslinova ulja
¼ šalice Paleo Mayo (vidi recept)
1 žličica nasjeckanog svježeg kopra
kriške limuna

1. Odmrznite ribu, ako je smrznuta. Isperite ribu; osušite papirnatim ručnicima. U maloj posudi pomiješajte začin od limuna i bilja i papar. Obje strane fileta premažite mješavinom začina, lagano pritisnite da se zalijepe. Na veliki tanjur posipajte bademovo brašno. Uronite jednu stranu svakog fileta u bademovo brašno, lagano pritiskajući da se zalijepi.

2. U velikoj tavi zagrijte dovoljno ulja da obložite tavu na srednje jakoj vatri. Dodajte ribu, obložene strane prema dolje. Kuhajte 2 minute. Pažljivo okrenite ribu; kuhajte još oko 1 minutu ili dok se riba ne počne ljuštiti kada je isprobate vilicom.

3. Za umak, u maloj posudi pomiješajte Paleo Mayo i kopar. Poslužite ribu s umakom i kriškama limuna.

PAKETIĆI BAKALARA I TIKVICA NA ŽARU S PIKANTNIM UMAKOM OD MANGA I BOSILJKA

PRIPREMA:20 minuta roštilja: 6 minuta čini: 4 porcije

1 do 1½ funte svježeg ili smrznutog bakalara, debljine ½ do 1 inča
4 komada folije duljine 24 inča širine 12 inča
1 srednja tikvica, narezana na julienne trake
Začin od limuna i trava (vidi recept)
¼ šalice Chipotle Paleo Mayo (vidi recept)
1 do 2 žlice pasiranog zrelog manga*
1 žlica svježeg soka limete ili limuna ili rižinog vinskog octa
2 žlice nasjeckanog svježeg bosiljka

1. Odmrznite ribu, ako je smrznuta. Isperite ribu; osušite papirnatim ručnicima. Ribu narežite na četiri komada veličine serviranja.

2. Presavijte svaki komad folije na pola kako biste stvorili kvadrat dvostruke debljine od 12 inča. Stavite jedan dio ribe na sredinu kvadrata folije. Na vrh stavite jednu četvrtinu tikvica. Pospite začinom od limuna i trava. Podignite dvije suprotne strane folije i preklopite nekoliko puta preko tikvica i ribe. Savijte krajeve folije. Ponovite da napravite još tri paketa. Za umak, u maloj posudi pomiješajte Chipotle Paleo Mayo, mango, sok limete i bosiljak; Staviti na stranu.

3. Za roštilj na drveni ugljen ili plinski roštilj, stavite pakete na nauljenu rešetku roštilja izravno na srednju vatru. Pokrijte i pecite na roštilju 6 do 9 minuta ili dok se riba ne počne ljuštiti kada se isproba vilicom, a tikvice ne postanu

hrskave i mekane (pažljivo otvorite paket da provjerite koliko je pečeno). Nemojte okretati pakete tijekom pečenja. Svaku porciju prelijte umakom.

*Savjet: Za pire od manga, u blenderu pomiješajte ¼ šalice nasjeckanog manga i 1 žlicu vode. Pokrijte i miješajte dok ne postane glatko. Dodajte ostatke pasiranog manga u smoothie.

BAKALAR POŠIRAN U RIZLINGU S RAJČICAMA PUNJENIM PESTOM

PRIPREMA:30 minuta kuhanja: 10 minuta čini: 4 porcije

1 do 1½ funte svježih ili smrznutih fileta bakalara, debljine oko 1 inča

4 roma rajčice

3 žlice pesta od bosiljka (vidi recept)

¼ žličice mljevenog crnog papra

1 šalica suhog rizlinga ili sauvignon blanca

1 grančica svježe majčine dušice ili ½ žličice osušene majčine dušice, zdrobljene

1 list lovora

½ šalice vode

2 žlice nasjeckanog mladog luka

kriške limuna

1. Odmrznite ribu, ako je smrznuta. Prerežite rajčice vodoravno na pola. Izvadite sjemenke i dio mesa. (Ako je potrebno da rajčica sjedne ravno, odrežite vrlo tanku krišku s kraja, pazeći da ne napravite rupu na dnu rajčice.) Žlicom dodajte malo pesta u svaku polovicu rajčice; pospite mljevenom paprikom; Staviti na stranu.

2. Isperite ribu; osušite papirnatim ručnicima. Ribu narežite na četiri dijela. Stavite košaru za kuhanje na paru u veliku tavu s poklopcem koji čvrsto prianja. Dodajte oko ½ inča vode u tavu. Dovesti do vrenja; smanjite toplinu na srednju. Dodajte rajčice, prerezane strane prema gore, u košaricu. Pokrijte i kuhajte na pari 2 do 3 minute ili dok se ne zagrije.

3. Izvadite rajčice na tanjur; poklopiti da ostane toplo. Izvadite košaru kuhala na pari iz tave; odbaciti vodu. U tavu dodajte vino, majčinu dušicu, lovorov list i ½ šalice vode.

Dovesti do vrenja; smanjite toplinu na srednje nisku. Dodajte ribu i mladi luk. Poklopljeno kuhajte na laganoj vatri 8 do 10 minuta ili dok se riba ne počne ljuštiti kada je isprobate vilicom.

4. Prelijte ribu s malo tekućine za poširanje. Poslužite ribu s rajčicama punjenim pestom i kriškama limuna.

PEČENI BAKALAR S PISTACIJAMA, CILANTROM I KORICOM NA MLJEVENOM SLATKOM KRUMPIRU

PRIPREMA:20 minuta kuhanja: 10 minuta pečenja: 4 do 6 minuta po debljini od ½ inča čini: 4 porcije

1 do 1½ funte svježeg ili smrznutog bakalara
Maslinovo ulje ili rafinirano kokosovo ulje
2 žlice mljevenih pistacija, pekan oraha ili badema
1 bjelanjak
½ žličice sitno naribane kore limuna
1½ funte slatkog krumpira, oguljenog i narezanog na komade
2 češnja češnjaka
1 žlica kokosovog ulja
1 žlica naribanog svježeg đumbira
½ žličice mljevenog kima
¼ šalice kokosovog mlijeka (kao što je Nature's Way)
4 žličice pesta od cilantra ili pesta od bosiljka (vidiRecepti)

1. Odmrznite ribu, ako je smrznuta. Prethodno zagrijte brojlere. Rešetka za ulje u tavi za brojlere. U maloj zdjeli pomiješajte mljevene orahe, bjelanjak i limunovu koricu; Staviti na stranu.

2. Za zdrobljeni slatki krumpir, u srednje velikoj tavi kuhajte slatki krumpir i češnjak u dovoljno kipuće vode da pokrije 10 do 15 minuta ili dok ne omekšaju. Odvod; vratite slatki krumpir i češnjak u lonac. Gnječilicom za krumpir zgnječite batat. Umiješajte 1 žlicu kokosovog ulja, đumbir i kumin. Pasirajte u kokosovom mlijeku dok ne postane svijetlo i pjenasto.

3. Isperite ribu; osušite papirnatim ručnicima. Ribu narežite na četiri dijela i stavite na pripremljenu nezagrijanu rešetku posude za pečenje tovnih pila. Podvucite ispod tankih rubova. Svaki komad premažite pestom od cilantra. Žlicom nanesite mješavinu orašastih plodova na pesto i nježno rasporedite. Pecite ribu 4 inča od topline 4 do 6 minuta po debljini od ½ inča ili dok se riba ne počne ljuštiti kada se testira vilicom, pokrivajući je folijom tijekom pečenja ako premaz počne gorjeti. Ribu poslužite uz slatki krumpir.

BAKALAR S RUŽMARINOM I MANDARINOM S PEČENOM BROKULOM

PRIPREMA:15 minuta mariniranja: do 30 minuta pečenja: 12 minuta čini: 4 porcije

1 do 1½ funte svježeg ili smrznutog bakalara
1 žličica sitno naribane kore mandarine
½ šalice svježeg soka od mandarine ili naranče
4 žlice maslinovog ulja
2 žličice nasjeckanog svježeg ružmarina
¼ do ½ žličice mljevenog crnog papra
1 žličica sitno naribane kore mandarine
3 šalice cvjetića brokule
¼ žličice mljevene crvene paprike
Kriške mandarine, uklonjene sjemenke

1. Zagrijte pećnicu na 450°F. Odmrznite ribu, ako je smrznuta. Isperite ribu; osušite papirnatim ručnicima. Ribu narežite na četiri komada veličine serviranja. Izmjerite debljinu ribe. U plitkoj posudi pomiješajte koru mandarine, sok mandarine, 2 žlice maslinovog ulja, ružmarin i crni papar; dodajte ribu. Pokrijte i marinirajte u hladnjaku do 30 minuta.

2. U velikoj zdjeli pomiješajte brokulu s preostale 2 žlice maslinovog ulja i mljevenom crvenom paprikom. Stavite u posudu za pečenje od 2 litre.

3. Plitku tepsiju malo premažite maslinovim uljem. Ribu ocijediti, marinadu ostaviti. Stavite ribu u tavu, podvucite sve tanke rubove. Stavite ribu i brokulu u pećnicu. Pecite brokulu 12 do 15 minuta ili dok ne postane hrskava, miješajući jednom na pola kuhanja. Pecite ribu 4 do 6

minuta po komadu ribe debljine ½ inča ili dok se riba ne počne ljuštiti kada je isprobate vilicom.

4. U malom loncu zakuhajte ostavljenu marinadu; kuhati 2 minute. Pečenu ribu prelijte marinadom. Poslužite ribu s brokulom i kriškama mandarine.

OBLOZI OD ZELENE SALATE OD BAKALARA U KARIJU S UKISELJENIM ROTKVICAMA

PRIPREMA:20 minuta stajanje: 20 minuta kuhanje: 6 minuta čini: 4 porcijeFOTOGRAFIJA

- 1 funta svježih ili smrznutih fileta bakalara
- 6 rotkvica grubo nasjeckanih
- 6 do 7 žlica jabučnog octa
- ½ žličice mljevene crvene paprike
- 2 žlice nerafiniranog kokosovog ulja
- ¼ šalice maslaca od badema
- 1 režanj češnjaka, samljeven
- 2 žličice sitno naribanog đumbira
- 2 žlice maslinovog ulja
- 1½ do 2 žličice curry praha bez dodane soli
- 4 do 8 listova zelene salate ili lisnate salate
- 1 crvena slatka paprika, narezana na julienne trake
- 2 žlice narezanog svježeg cilantra

1. Odmrznite ribu, ako je smrznuta. U srednjoj zdjeli pomiješajte rotkvice, 4 žlice octa i ¼ žličice mljevene crvene paprike; ostavite stajati 20 minuta uz povremeno miješanje.

2. Za umak s maslacem od badema, u malom loncu otopite kokosovo ulje na laganoj vatri. Umiješajte maslac od badema dok ne postane glatko. Umiješajte češnjak, đumbir i preostalu ¼ žličice mljevene crvene paprike. Maknite s vatre. Dodajte preostale 2 do 3 žlice jabukovače octa, miješajući dok ne postane glatko; Staviti na stranu. (Umak će se malo zgusnuti kada se doda ocat.)

3. Isperite ribu; osušite papirnatim ručnicima. U velikoj tavi zagrijte maslinovo ulje i curry prah na srednje jakoj vatri. Dodajte ribu; kuhajte 3 do 6 minuta ili dok se riba ne počne ljuštiti kada je isprobate vilicom, okrećući jednom na pola vremena kuhanja. Koristeći dvije vilice, krupno narežite ribu.

4. Rotkvice ocijediti; bacite marinadu. U svaki list zelene salate žlicom stavite malo ribe, trakice slatke paprike, mješavinu rotkvica i umak od bademovog maslaca. Pospite cilantrom. Oko nadjeva omotati list. Po želji pričvrstite omote drvenim čačkalicama.

PEČENA VAHNJA S LIMUNOM I KOMORAČEM

PRIPREMA: 25 minuta pečenja: 50 minuta čini: 4 porcije

VAHNJA, POLLAK I BAKALAR IMAJU BLAGO AROMATIZIRANO ČVRSTO BIJELO MESO. ZAMJENJIVI SU U VEĆINI RECEPATA, UKLJUČUJUĆI OVO JEDNOSTAVNO JELO OD PEČENE RIBE I POVRĆA SA ZAČINSKIM BILJEM I VINOM.

4 svježa ili smrznuta fileta bakalara, bakalara ili bakalara od 6 unci, debljine oko ½ inča

1 velika lukovica komorača, očišćena od jezgre i narezana na ploške, lišće sačuvano i nasjeckano

4 srednje mrkve, okomito prerezane na pola i narezane na komade duge 2 do 3 inča

1 glavica crvenog luka prepolovljena i narezana

2 češnja češnjaka, mljevena

1 limun, tanko narezan

3 žlice maslinovog ulja

½ žličice crnog papra

¾ šalice suhog bijelog vina

2 žlice sitno nasjeckanog svježeg peršina

2 žlice nasjeckanih svježih listova komorača

2 žličice sitno naribane kore limuna

1. Odmrznite ribu, ako je smrznuta. Zagrijte pećnicu na 400°F. U pravokutnoj posudi za pečenje od 3 litre pomiješajte komorač, mrkvu, luk, češnjak i kriške limuna. Prelijte s 2 žlice maslinova ulja i pospite s ¼ žličice papra; baciti na kaput. Ulijte vino u posudu. Posudu pokriti folijom.

2. Pecite 20 minuta. Otkriti; promiješajte mješavinu povrća. Pecite još 15 do 20 minuta ili dok povrće ne postane hrskavo. Promiješajte mješavinu povrća. Pospite ribu s

preostalom ¼ žličice papra; stavite ribu na mješavinu povrća. Pokapajte s preostalom 1 žlicom maslinovog ulja. Pecite oko 8 do 10 minuta ili dok se riba ne počne ljuštiti kada je isprobate vilicom.

3. U maloj posudi pomiješajte peršin, lišće komorača i koricu limuna. Za posluživanje podijelite mješavinu ribe i povrća na tanjure za posluživanje. Žlicom prelijte sok od ribe i povrća. Pospite mješavinom peršina.

SNAPPER S KOROM OD ORAHA S REMULADOM I BAMIJOM I RAJČICAMA NA CAJUN NAČIN

PRIPREMA:1 sat kuhanja: 10 minuta pečenja: 8 minuta čini: 4 porcije

OVO RIBLJE JELO VRIJEDNO DRUŠTVAPOTREBNO JE MALO VREMENA ZA PRIPREMU, ALI ZBOG BOGATIH OKUSA ITEKAKO SE ISPLATI. REMOULADE - UMAK NA BAZI MAJONEZE ZAČINJEN SENFOM, LIMUNOM I ZAČINIMA CAJUN I ZAČINJEN NASJECKANOM CRVENOM SLATKOM PAPRIKOM, MLADIM LUKOM I PERŠINOM - MOŽE SE NAPRAVITI DAN UNAPRIJED I OHLADITI.

4 žlice maslinovog ulja

½ šalice sitno nasjeckanih pekan oraha

2 žlice nasjeckanog svježeg peršina

1 žlica nasjeckanog svježeg timijana

2 fileta crvenog snappera od 8 unci, debljine ½ inča

4 žličice Cajun začina (vidi recept)

½ šalice luka narezanog na kockice

½ šalice zelene slatke paprike narezane na kockice

½ šalice celera narezanog na kockice

1 žlica mljevenog češnjaka

1 funta svježih mahuna bamije, narezanih na ploške debljine 1 inča (ili svježih šparoga, narezanih na komade duljine 1 inča)

8 unci grožđa ili cherry rajčica, prepolovljenih

2 žličice nasjeckanog svježeg timijana

Crni papar

Rémoulade (vidi recept, desno)

1. U srednjoj tavi zagrijte 1 žlicu maslinovog ulja na srednjoj vatri. Dodajte pekan orahe i tostirajte oko 5 minuta ili dok

ne porumene i ne zamirišu, često miješajući. Prebacite pekan orahe u malu zdjelu i ostavite da se ohlade. Dodajte peršin i majčinu dušicu i ostavite sa strane.

2. Zagrijte pećnicu na 400°F. Lim za pečenje obložite papirom za pečenje ili folijom. Posložite filete snappera na lim za pečenje, kožom prema dolje, i pospite svaki s 1 žličicom začina Cajun. Kistom za tijesto nanesite 2 žlice maslinovog ulja na filete. Ravnomjerno rasporedite smjesu pekan oraha na filete, nježno pritiskajući orašaste plodove na površinu ribe kako bi se zalijepili. Sve izložene dijelove ribljeg filea po mogućnosti prekrijte orašastim plodovima. Pecite ribu 8 do 10 minuta ili dok se vrhom noža ne ljušti.

3. U velikoj tavi zagrijte preostalu 1 žlicu maslinovog ulja na srednje jakoj vatri. Dodajte luk, slatku papriku, celer i češnjak. Kuhajte i miješajte 5 minuta ili dok povrće ne postane hrskavo-omekšano. Dodajte narezanu bamiju (ili šparoge ako koristite) i rajčice; kuhajte 5 do 7 minuta ili dok bamija ne postane hrskava-nježna i rajčice se počnu cijepati. Maknite s vatre i začinite timijanom i crnim paprom po ukusu. Poslužite povrće uz snapper i Rémoulade.

Remulada: U procesoru hrane izmiksajte ½ šalice nasjeckane crvene slatke paprike, ¼ šalice nasjeckanog mladog luka i 2 žlice nasjeckanog svježeg peršina. Dodajte ¼ šalice Paleo Mayo (vidi*recept*), ¼ šalice Dijon senfa (vidi*recept*), 1½ žličice soka od limuna i ¼ žličice Cajun začina (vidi*recept*). Pulsirajte dok se ne sjedini. Prebacite u zdjelu za posluživanje i ohladite do posluživanja. (Remulada se može napraviti 1 dan unaprijed i ohlađena.)

PLJESKAVICE OD ESTRAGON TUNE S AVOKADOM I LIMUNOM AÏOLI

PRIPREMA:25 minuta kuhanja: 6 minuta čini: 4 porcijeFOTOGRAFIJA

UZ LOSOSA TU JE I TUNARIJETKIH VRSTA RIBE KOJE SE MOGU SITNO NASJECKATI I OBLIKOVATI U PLJESKAVICE. PAZITE DA NE PRERADITE TUNU U PROCESORU HRANE - PRETJERANA OBRADA JE OČVRSNE.

- 1 funta svježih ili smrznutih fileta tune bez kože
- 1 bjelanjak, lagano tučen
- ¾ šalice mljevenog brašna od zlatnog lana
- 1 žlica svježe narezanog estragona ili kopra
- 2 žlice nasjeckanog svježeg vlasca
- 1 žličica sitno naribane kore limuna
- 2 žlice lanenog ulja, ulja avokada ili maslinovog ulja
- 1 srednji avokado, bez sjemenki
- 3 žlice Paleo Mayo (vidirecept)
- 1 žličica sitno naribane kore limuna
- 2 žličice svježeg soka od limuna
- 1 režanj češnjaka, samljeven
- 4 unce mladog špinata (oko 4 šalice čvrsto pakirane)
- ⅓ šalice vinaigreta od pečenog češnjaka (vidirecept)
- 1 Granny Smith jabuka, očišćena od jezgre i narezana na komade veličine šibica
- ¼ šalice nasjeckanih prženih oraha (vidiSavjet)

1. Odmrznite ribu, ako je smrznuta. Isperite ribu; osušite papirnatim ručnicima. Narežite ribu na komade od 1½ inča. Stavite ribu u procesor hrane; obraditi s on/off pulsevima dok se ne usitni. (Pazite da ne preradite previše ili ćete pljeskavicu očvrsnuti.) Ostavite ribu sa strane.

2. U srednjoj zdjeli pomiješajte bjelanjak, ¼ šalice brašna od sjemenki lana, estragon, vlasac i koricu limuna. Dodajte ribu; lagano promiješajte da se sjedini. Riblju smjesu oblikujte u četiri pljeskavice debljine ½ inča.

3. Stavite preostalih ½ šalice brašna od lanenog sjemena u plitku posudu. Umočite pljeskavice u smjesu lanenih sjemenki, okrećite ih da se ravnomjerno prekriju.

4. U posebno velikoj tavi zagrijte ulje na srednje jakoj vatri. Pecite pljeskavice od tune u vrućem ulju 6 do 8 minuta ili dok termometar s trenutnim očitanjem umetnut vodoravno u pljeskavice ne zabilježi 160°F, okrećući jednom na pola vremena pečenja.

5. U međuvremenu, za aïoli, u srednjoj posudi upotrijebite vilicu za zgnječenje avokada. Dodajte Paleo Mayo, limunovu koricu, limunov sok i češnjak. Pasirajte dok se dobro ne sjedini i postane gotovo glatko.

6. Stavite špinat u zdjelu srednje veličine. Prelijte špinat vinaigretom od pečenog češnjaka; baciti na kaput. Za svaku porciju stavite pljeskavicu tune i jednu četvrtinu špinata na tanjur za posluživanje. Vrh tune s malo aïolija. Pospite špinat jabukom i orasima. Poslužite odmah.

PRUGASTI BAS TAGINE

PRIPREMA: 50 minuta hlađenje: 1 do 2 sata kuhanje: 22 minute pečenje: 25 minuta čini: 4 porcije

TAGIN JE NAZIV ZAI VRSTA SJEVERNOAFRIČKOG JELA (VRSTA GULAŠA) I LONAC STOŽASTOG OBLIKA U KOJEM SE KUHA. AKO GA NEMATE, POKRIVENA TAVA ZA PEĆNICU SAVRŠENO ODGOVARA. CHERMOULA JE GUSTA SJEVERNOAFRIČKA BILJNA PASTA KOJA SE NAJČEŠĆE KORISTI KAO MARINADA ZA RIBU. OVO ŠARENO RIBLJE JELO POSLUŽITE UZ PIRE OD BATATA ILI CVJETAČE.

- 4 svježa ili smrznuta prugasta fileta brancina ili iverka od 6 unci, s kožom
- 1 vezica cilantra, nasjeckana
- 1 žličica sitno narezane limunove kore (ostavite sa strane)
- ¼ šalice svježeg soka od limuna
- 4 žlice maslinovog ulja
- 5 češnja češnjaka, mljevenog
- 4 žličice mljevenog kima
- 2 žličice slatke paprike
- 1 žličica mljevenog korijandera
- ¼ žličice mljevenog anisa
- 1 veliki luk, oguljen, prepolovljen i narezan na tanke ploške
- 1 limenka od 15 unci bez dodane soli pečene rajčice narezane na kockice, neocijeđene
- ½ šalice juhe od pileće kosti (vidi recept) ili pileća juha bez dodatka soli
- 1 velika žuta slatka paprika, očišćena od sjemenki i narezana na trakice od ½ inča
- 1 velika narančasta slatka paprika, očišćena od sjemenki i narezana na trakice od ½ inča

1. Odmrznite ribu, ako je smrznuta. Isperite ribu; osušite papirnatim ručnicima. Stavite riblje filete u plitku, nemetalnu posudu za pečenje. Ostavite ribu sa strane.

2. Za chermoulu, u blenderu ili malom procesoru hrane pomiješajte cilantro, limunov sok, 2 žlice maslinovog ulja, 4 režnja nasjeckanog češnjaka, kumin, papriku, korijander i anis. Pokrijte i obradite dok ne postane glatko.

3. Žlicom nanesite polovicu chermoule na ribu, okrećući ribu da premaže obje strane. Pokrijte i stavite u hladnjak na 1 do 2 sata. Pokrijte preostalu kermulu; ostavite stajati na sobnoj temperaturi dok ne zatreba.

4. Zagrijte pećnicu na 325°F. U velikoj tavi za pećnicu zagrijte preostale 2 žlice ulja na srednje jakoj vatri. Dodajte luk; kuhajte i miješajte 4 do 5 minuta ili dok ne omekša. Umiješajte preostali 1 češanj nasjeckanog češnjaka; kuhati i miješati 1 minutu. Dodajte sačuvanu chermoulu, rajčice, juhu od pilećih kostiju, trakice slatke paprike i koricu limuna. Dovesti do vrenja; smanjiti toplinu. Pirjajte nepoklopljeno 15 minuta. Ako želite, prebacite smjesu u tagine; na vrh stavite ribu i preostale kermule iz jela. Pokriti; pecite 25 minuta. Poslužite odmah.

IVERAK U UMAKU OD ČEŠNJAKA I ŠKAMPI SA ZELENIM SOFRITOM

PRIPREMA: 30 minuta kuhanja: 19 minuta čini: 4 porcije

POSTOJI NEKOLIKO RAZLIČITIH IZVORA I VRSTA IVERKA, I MOGU BITI VRLO RAZLIČITE KVALITETE—I LOVITI POD VRLO RAZLIČITIM UVJETIMA. ODRŽIVOST RIBE, OKOLIŠ U KOJEM ŽIVI I UVJETI POD KOJIMA SE UZGAJA/LOVI SU ČIMBENICI KOJI ODREĐUJU KOJA JE RIBA DOBAR IZBOR ZA KONZUMACIJU. POSJETITE WEB STRANICU AKVARIJA MONTEREY BAY (WWW.SEAFOODWATCH.ORG) ZA NAJNOVIJE INFORMACIJE O TOME KOJU RIBU JESTI, A KOJU IZBJEGAVATI.

- 4 svježa ili smrznuta fileta iverka od 6 unci, debljine oko 1 inča
- Crni papar
- 6 žlica ekstra djevičanskog maslinovog ulja
- ½ šalice sitno nasjeckanog luka
- ¼ šalice crvene slatke paprike narezane na kockice
- 2 češnja češnjaka, mljevena
- ¾ žličice dimljene španjolske paprike
- ½ žličice nasjeckanog svježeg origana
- 4 šalice zelenog povrća, bez peteljki, narezanog na vrpce debljine ¼ inča (oko 12 unci)
- ⅓ šalice vode
- 8 unci srednjih škampa, oguljenih, bez žilica i grubo nasjeckanih
- 4 češnja češnjaka, tanko narezana
- ¼ do ½ žličice mljevene crvene paprike
- ⅓ šalice suhog šerija
- 2 žlice soka od limuna
- ¼ šalice nasjeckanog svježeg peršina

1. Odmrznite ribu, ako je smrznuta. Isperite ribu; osušite papirnatim ručnicima. Ribu pospite paprom. U velikoj tavi

zagrijte 2 žlice maslinovog ulja na srednje jakoj vatri. Dodajte filete; kuhajte 10 minuta ili dok ne porumene i riblje se pahuljice isprobaju vilicom, okrećući jednom na pola kuhanja. Prebacite ribu na pladanj i pokrijte folijom da ostane topla.

2. U međuvremenu, u drugoj velikoj tavi zagrijte 1 žlicu maslinovog ulja na srednje jakoj vatri. Dodajte luk, slatku papriku, 2 češnja mljevenog češnjaka, papriku i origano; kuhajte i miješajte 3 do 5 minuta ili dok ne omekša. Umiješajte zelenu zelenku i vodu. Poklopite i kuhajte 3 do 4 minute ili dok tekućina ne ispari, a zelje ne omekša, povremeno miješajući. Pokrijte i držite na toplom do posluživanja.

3. Za umak od kozica, dodajte preostale 3 žlice maslinovog ulja u tavu u kojoj ste kuhali ribu. Dodajte škampe, 4 češnja narezana na ploške i mljevenu crvenu papriku. Kuhajte i miješajte 2 do 3 minute ili dok češnjak ne počne poprimati zlatnu boju. Dodajte škampe; kuhajte 2 do 3 minute dok škampi ne postanu čvrsti i ružičasti. Umiješajte sherry i limunov sok. Kuhajte 1 do 2 minute ili dok se malo ne reducira. Umiješajte peršin.

4. Podijelite umak od kozica na filete halibuta. Poslužite sa zelenilom.

BOUILLABAISSE OD PLODOVA MORA

POČETAK DO KRAJA: 1¾ SATA ČINI: 4 PORCIJE

POPUT TALIJANSKOG CIOPPINA, OVAJ FRANCUSKI GULAŠ OD PLODOVA MORARIBE I ŠKOLJKAŠA ČINI SE DA PREDSTAVLJA UZORAK DNEVNOG ULOVA BAČENOG U LONAC S ČEŠNJAKOM, LUKOM, RAJČICAMA I VINOM. MEĐUTIM, PREPOZNATLJIVI OKUS BOUILLABAISSEA JE KOMBINACIJA OKUSA ŠAFRANA, KOMORAČA I KORICE NARANČE.

- 1 funta svježeg ili smrznutog fileta iverka bez kože, izrezanog na komade od 1 inča
- 4 žlice maslinovog ulja
- 2 šalice nasjeckanog luka
- 4 češnja češnjaka, zdrobljena
- 1 glavica komorača, bez jezgre i nasjeckana
- 6 roma rajčica, nasjeckanih
- ¾ šalice juhe od pileće kosti (vidi recept) ili pileća juha bez dodatka soli
- ¼ šalice suhog bijelog vina
- 1 šalica sitno nasjeckanog luka
- 1 glavica komorača, bez jezgre i sitno nasjeckana
- 6 češnja češnjaka, nasjeckanog
- 1 naranča
- 3 roma rajčice, sitno nasjeckane
- 4 niti šafrana
- 1 žlica narezanog svježeg origana
- 1 funta školjki, očišćenih i ispranih
- 1 funta dagnji, uklonjenih brada, izribanih i ispranih (vidi Savjet)
- Narezani svježi origano (po želji)

1. Otopite iverak, ako je smrznut. Isperite ribu; osušite papirnatim ručnicima. Ostavite ribu sa strane.

2. U pećnici od 6 do 8 litara zagrijte 2 žlice maslinovog ulja na srednje jakoj vatri. U lonac dodajte 2 šalice nasjeckanog

luka, 1 glavicu nasjeckanog komorača i 4 režnja zgnječenog češnjaka. Kuhajte 7 do 9 minuta ili dok luk ne omekša, povremeno miješajući. Dodati 6 nasjeckanih rajčica i 1 glavicu nasjeckanog komorača; kuhajte još 4 minute. Dodajte juhu od pilećih kostiju i bijelo vino u lonac; pirjati 5 minuta; malo ohladite. Prebacite mješavinu povrća u blender ili procesor hrane. Pokrijte i pomiješajte ili obradite dok ne postane glatko; Staviti na stranu.

3. U istoj pećnici zagrijte preostalu 1 žlicu maslinovog ulja na srednje jakoj vatri. Dodajte 1 šalicu sitno nasjeckanog luka, 1 glavicu sitno nasjeckanog komorača i 6 češnjeva nasjeckanog češnjaka. Kuhajte na srednjoj vatri 5 do 7 minuta ili dok gotovo ne omekša, često miješajući.

4. Gulilicom povrća skinite koru s naranče u širokim trakicama; Staviti na stranu. Dodajte pasiranu mješavinu povrća, 3 nasjeckane rajčice, šafran, origano i trakice narančine korice u pećnicu. Dovesti do vrenja; smanjite toplinu kako biste zadržali ključanje. Dodajte školjke, dagnje i ribu; lagano promiješajte da se riba prekrije umakom. Prilagodite toplinu prema potrebi kako biste zadržali ključanje. Poklopite i lagano pirjajte 3 do 5 minuta dok se dagnje i školjke ne otvore, a riba počne ljuštiti kada se isproba vilicom. Sipati u plitke zdjelice za posluživanje. Po želji dodatno pospite origanom.

KLASIČNI CEVICHE OD ŠKAMPA

PRIPREMA: 20 minuta kuhati: 2 minute hladiti: 1 sat stajati: 30 minuta čini: 3 do 4 porcije

OVO LATINOAMERIČKO JELO JE PRAVA EKSPLOZIJA OKUSA I TEKSTURA. HRSKAVI KRASTAVAC I CELER, KREMASTI AVOKADO, LJUTI I ZAČINJENI JALAPEÑOS TE DELIKATNI SLATKI ŠKAMPI MIJEŠAJU SE U SOKU LIMETE I MASLINOVOM ULJU. U TRADICIONALNOM CEVICHEU, KISELINA U SOKU LIMETE "KUHA" ŠKAMPE—ALI BRZO URANJANJE U KIPUĆU VODU NIŠTA NE PREPUŠTA SLUČAJU, ŠTO SE TIČE SIGURNOSTI—I NE ŠTETI OKUSU ILI TEKSTURI ŠKAMPA.

- 1 funta svježih ili smrznutih srednjih škampa, oguljenih i bez žila, s odstranjenim repovima
- ½ krastavca, oguljenog, sjemenki i nasjeckanog
- 1 šalica nasjeckanog celera
- ½ manjeg crvenog luka nasjeckanog
- 1 do 2 jalapeñosa, bez sjemenki i mljevena (vidi Savjet)
- ½ šalice svježeg soka od limete
- 2 roma rajčice, narezane na kockice
- 1 avokado, prepolovljen, očišćen od sjemenki, oguljen i narezan na kockice
- ¼ šalice narezanog svježeg cilantra
- 3 žlice maslinovog ulja
- ½ žličice crnog papra

1. Odmrznite škampe, ako su zamrznuti. Ogulite i izdubite škampe; ukloniti repove. Isperite škampi; osušite papirnatim ručnicima.

2. Napunite veliki lonac do pola vodom. Zakuhati. Dodajte škampe u kipuću vodu. Kuhajte bez poklopca 1 do 2 minute ili samo dok škampi ne postanu neprozirni;

odvoditi. Ostavite škampe pod hladnom vodom i ponovno ih ocijedite. Kockice narežite na kockice.

3. U iznimno velikoj zdjeli koja ne reaguje pomiješajte škampe, krastavce, celer, luk, jalapeños i sok od limete. Pokrijte i ostavite u hladnjaku 1 sat, promiješajte jednom ili dva puta.

4. Umiješajte rajčice, avokado, cilantro, maslinovo ulje i crni papar. Pokrijte i ostavite da stoji na sobnoj temperaturi 30 minuta. Lagano promiješajte prije posluživanja.

SALATA OD KOKOSOVIH ŠKAMPA I ŠPINATA

PRIPREMA:25 minuta pečenja: 8 minuta čini: 4 porcijeFOTOGRAFIJA

KOMERCIJALNO PROIZVEDENE LIMENKE MASLINOVOG ULJA U SPREJUMOŽE SADRŽAVATI ŽITNI ALKOHOL, LECITIN I POGONSKO GORIVO - NIJE SJAJNA MJEŠAVINA KADA POKUŠAVATE JESTI ČISTU, PRAVU HRANU I IZBJEGAVATI ŽITARICE, NEZDRAVE MASTI, MAHUNARKE I MLIJEČNE PROIZVODE. MISTER ZA ULJE KORISTI SAMO ZRAK KAKO BI POTJERAO ULJE U FINI SPREJ—SAVRŠENO ZA LAGANO PREMAZIVANJE KOZICA S KOKOSOVOM KORICOM PRIJE PEČENJA.

1½ funte svježih ili smrznutih iznimno velikih škampi u ljušturama
Misto sprej boca napunjena ekstra djevičanskim maslinovim uljem
2 jaja
¾ šalice nezaslađenog kokosa u pahuljicama ili nasjeckanog kokosa
¾ šalice obroka od badema
½ šalice ulja avokada ili maslinovog ulja
3 žlice svježeg soka od limuna
2 žlice svježeg soka od limete
2 mala češnja češnjaka, nasjeckana
⅛ do ¼ žličice mljevene crvene paprike
8 šalica svježeg mladog špinata
1 srednji avokado, prepolovljen, očišćen od sjemenki, oguljen i narezan na tanke ploške
1 manja narančasta ili žuta slatka paprika, narezana na tanke trakice veličine zalogaja
½ šalice nasjeckanog crvenog luka

1. Odmrznite škampe, ako su zamrznuti. Ogulite i očistite škampe, ostavite repove netaknute. Isperite škampi;

osušite papirnatim ručnicima. Zagrijte pećnicu na 450°F. Veliki lim za pečenje obložite folijom; foliju lagano premazati uljem prskanim iz Misto boce; Staviti na stranu.

2. U plitkoj posudi vilicom umutiti jaja. U drugoj plitkoj posudi pomiješajte brašno od kokosa i badema. Umočite škampe u jaja, okrećući ih premazivanjem. Umočite u smjesu kokosa, pritisnite da se premaže (ostavite repove neobložene). Na pripremljeni lim za pečenje rasporedite škampe u jednom sloju. Vrhove kozica premažite uljem poprskanim iz Misto boce.

3. Pecite 8 do 10 minuta ili dok škampi ne postanu neprozirni, a premaz lagano porumeni.

4. U međuvremenu, za preljev, u maloj staklenci s poklopcem na odvrtanje pomiješajte ulje avokada, sok od limuna, sok od limete, češnjak i mljevenu crvenu papriku. Poklopiti i dobro protresti.

5. Za salate, podijelite špinat na četiri tanjura za posluživanje. Na vrh stavite avokado, slatku papriku, crveni luk i škampe. Prelijte dresingom i odmah poslužite.

CEVICHE OD TROPSKIH ŠKAMPA I JAKOBOVE KAPICE

PRIPREMA: 20 minuta mariniranja: 30 do 60 minuta čini: 4 do 6 porcija

HLADAN I LAGANI CEVICHE ODLIČAN JE OBROK ZA VRUĆU LJETNU NOĆ. S DINJOM, MANGOM, SERRANO ČILIJEM, KOMORAČEM I PRELJEVOM ZA SALATU OD MANGA I LIMETE (VIDI RECEPT), OVO JE SLATKO-VRUĆA VERZIJA ORIGINALA.

1 funta svježih ili smrznutih morskih kapica

1 funta svježih ili smrznutih velikih škampa

2 šalice dinje narezane na kockice

2 srednja manga, bez koštica, oguljena i nasjeckana (oko 2 šalice)

1 glavica komorača, podrezana, narezana na četvrtine, očišćena od središta i tanko narezana

1 srednja crvena slatka paprika, nasjeckana (oko ¾ šalice)

1 do 2 serrano čilija, bez sjemenki po želji i narezana na tanke ploške (vidi Savjet)

½ šalice lagano upakiranog svježeg cilantra, nasjeckanog

1 recept za preljev za salatu od manga i limete (vidi recept)

1. Jakobove kapice i škampe odmrznite ako su zamrznuti. Jakobove kapice vodoravno prepolovite. Škampe ogulite, izvadite rezine i vodoravno prepolovite. Isperite jakobove kapice i škampe; osušite papirnatim ručnicima. Napunite veliki lonac vodom do tri četvrtine. Zakuhati. Dodajte škampe i jakobove kapice; kuhajte 3 do 4 minute ili dok škampi i jakobove kapice ne postanu neprozirni; ocijedite i isperite hladnom vodom da se brzo ohladi. Dobro ocijedite i ostavite sa strane.

2. U iznimno velikoj zdjeli pomiješajte dinju, mango, komorač, slatku papriku, serrano čili i cilantro. Dodajte preljev za

salatu od manga i limete; lagano baciti na kaput. Lagano umiješajte kuhane škampe i jakobove kapice. Marinirajte u hladnjaku 30 do 60 minuta prije posluživanja.

JAMAICAN JERK ŠKAMPI S ULJEM AVOKADA

POČETAK DO KRAJA: 20 minuta čini: 4 porcije

S UKUPNIM VREMENOM DO STOLA OD 20 MINUTA, OVO JELO NUDI JOŠ JEDAN UVJERLJIV RAZLOG DA JEDETE ZDRAV OBROK KOD KUĆE, ČAK I U NAJPROMETNIJIM VEČERIMA.

1 funta svježih ili smrznutih srednjih škampa
1 šalica nasjeckanog, oguljenog manga (1 srednji)
⅓ šalice tanko narezanog crvenog luka narezanog na ploške
¼ šalice narezanog svježeg cilantra
1 žlica svježeg soka od limete
2 do 3 žlice začina Jamaican Jerk (vidi recept)
1 žlica ekstra djevičanskog maslinovog ulja
2 žlice ulja avokada

1. Odmrznite škampe, ako su zamrznuti. U srednjoj posudi pomiješajte mango, luk, cilantro i sok limete.

2. Ogulite i izvadite kozice. Isperite škampi; osušite papirnatim ručnicima. Stavite škampe u zdjelu srednje veličine. Pospite začinima Jamaican Jerk; bacite da obložite škampe sa svih strana.

3. U velikoj neljepljivoj tavi zagrijte maslinovo ulje na srednje jakoj vatri. Dodajte škampe; kuhajte i miješajte oko 4 minute ili dok ne postane prozirno. Pokapajte škampe uljem avokada i poslužite s mješavinom manga.

ŠKAMPI S UVENULIM ŠPINATOM I RADIČEM

PRIPREMA: 15 minuta kuhanja: 8 minuta čini: 3 porcije

"SCAMPI" SE ODNOSI NA KLASIČNO RESTORANSKO JELOVELIKIH ŠKAMPI PIRJANIH ILI PEČENIH NA MASLACU S PUNO ČEŠNJAKA I LIMUNA. OVA ZAČINJENA VERZIJA S MASLINOVIM ULJEM ODOBRENA JE ZA PALEO - I NUTRITIVNO JE OBOGAĆENA BRZIM PIRJANJEM OD RADIČA I ŠPINATA.

1 funta svježih ili smrznutih velikih škampa
4 žlice ekstra djevičanskog maslinovog ulja
6 češnja češnjaka, nasjeckanog
½ žličice crnog papra
¼ šalice suhog bijelog vina
½ šalice nasjeckanog svježeg peršina
½ glavice radiča, bez jezgre i tanko narezanog
½ žličice mljevene crvene paprike
9 šalica mladog špinata
kriške limuna

1. Odmrznite škampe, ako su zamrznuti. Ogulite i očistite škampe, ostavite repove netaknute. U velikoj tavi zagrijte 2 žlice maslinovog ulja na srednje jakoj vatri. Dodajte škampe, 4 češnja mljevenog češnjaka i crni papar. Kuhajte i miješajte oko 3 minute ili dok škampi ne postanu neprozirni. Premjestite smjesu za škampe u zdjelu.

2. Dodajte bijelo vino u tavu. Kuhajte, miješajući da olabavi bilo koji zapečeni češnjak s dna tave. Škampe prelijte vinom; baciti za kombiniranje. Umiješajte peršin. Pokrijte labavo folijom da ostane toplo; Staviti na stranu.

3. U tavu dodajte preostale 2 žlice maslinovog ulja, preostala 2 češnja nasjeckanog češnjaka, radič i mljevenu crvenu papriku. Kuhajte i miješajte na srednjoj vatri 3 minute ili dok radič ne počne venuti. Pažljivo umiješajte špinat; kuhajte i miješajte još 1 do 2 minute ili dok špinat ne uvene.

4. Za posluživanje smjesu špinata podijelite na tri tanjura za posluživanje; prelijte smjesom od kozica. Poslužite s kriškama limuna za cijeđenje preko škampa i zelenila.

SALATA OD RAKOVA S AVOKADOM, GREJPOM I JICAMA

POČETAK DO KRAJA: 30 minuta čini: 4 porcije

NAJBOLJE JE MESO RAKOVA OD VELIKE GRUDICE ILI LEĐNE PERAJEZA OVU SALATU. JUMBO LUMP MESO RAKOVA SASTOJI SE OD VELIKIH KOMADIĆA KOJI DOBRO FUNKCIONIRAJU U SALATAMA. LEĐNA PERAJA JE MJEŠAVINA IZLOMLJENIH KOMADIĆA MESA RAKOVA U GRUDIMA I MANJIH KOMADA MESA RAKOVA IZ TIJELA RAKOVA. IAKO JE MANJA OD JUMBO LUMP RAČIĆA, LEĐNA PERAJA SAVRŠENO FUNKCIONIRA. SVJEŽI JE NAJBOLJI, NARAVNO, ALI ODMRZNUTI SMRZNUTI RAK JE DOBRA OPCIJA.

6 šalica mladog špinata

½ srednje velike jicama, oguljene i narezane na julienne*

2 ružičasta ili rubin crvena grejpa, oguljena, bez sjemenki i izrezana**

2 manja avokada, prepolovljena

1 funta jumbo grude ili mesa rakova

Dresing od bosiljka i grejpa (pogledajte recept, desno)

1. Podijelite špinat na četiri tanjura za posluživanje. Prelijte jicama, dijelovima grejpa i nakupljenim sokom, avokadom i mesom rakova. Prelijte preljevom od bosiljka i grejpa.

Preljev od bosiljka i grejpa: U staklenku s poklopcem na odvrtanje pomiješajte ⅓ šalice ekstra djevičanskog maslinovog ulja; ¼ šalice svježeg soka od grejpa; 2 žlice svježeg soka od naranče; ½ male ljutike, mljevene; 2 žlice sitno narezanog svježeg bosiljka; ¼ žličice mljevene crvene paprike; i ¼ žličice crnog papra. Poklopiti i dobro protresti.

*Savjet: gulilica za julienne brzo reže jicama na tanke trakice.

**Savjet: da biste razdvojili grejp, odrežite krišku s vrha stabljike i dna voća. Postavite ga uspravno na radnu površinu. Izrežite voće na dijelove od vrha prema dolje, prateći zaobljeni oblik voća, kako biste uklonili koru u trakicama. Držite voće iznad zdjele i pomoću noža za guljenje zarežite voće do sredine sa strane svakog segmenta kako biste ga oslobodili srži. Segmente stavite u zdjelu sa nakupljenim sokovima. Odbacite srž.

KUHAJTE REP CAJUNSKOG JASTOGA S ESTRAGONOM AÏOLI

PRIPREMA:20 minuta kuhanja: 30 minuta čini: 4 porcijeFOTOGRAFIJA

ZA ROMANTIČNU VEČERU U DVOJE,OVAJ RECEPT SE LAKO PREPOLOVI. UPOTRIJEBITE VRLO OŠTRE KUHINJSKE ŠKARE DA OTVORITE OKLOP REPOVA JASTOGA I DOHVATITE SE MESA BOGATOG OKUSA.

- 2 recepta Cajun začin (vidirecept)
- 12 češnjeva češnjaka oguljenih i prepolovljenih
- 2 limuna, prepolovljena
- 2 velike mrkve, oguljene
- 2 stabljike celera, oguljene
- 2 lukovice komorača, narezane na tanke kriške
- 1 funta cijelih šampinjona
- 4 repa Maine jastoga od 7 do 8 unci
- 4 bambusova ražnja od 8 inča
- ½ šalice Paleo Aïoli (majoneza s češnjakom) (vidirecept)
- ¼ šalice Dijon senfa (vidirecept)
- 2 žlice nasjeckanog svježeg estragona ili peršina

1. U loncu od 8 litara pomiješajte 6 šalica vode, Cajun začin, češnjak i limun. Dovesti do vrenja; kuhati 5 minuta. Smanjite vatru da tekućina ne ključa.

2. Mrkvu i celer prerežite poprečno na četiri dijela. U tekućinu dodajte mrkvu, celer i komorač. Poklopite i kuhajte 10 minuta. Dodajte gljive; poklopite i kuhajte 5 minuta. Rupičastom žlicom prebacite povrće u zdjelu za posluživanje; držati na toplom.

3. Počevši od dijela tijela svakog repa jastoga, provucite ražanj između mesa i oklopa, prolazeći gotovo do kraja kroz kraj repa. (Ovo će spriječiti uvijanje repa dok se kuha.) Smanjite vatru. Repove jastoga kuhajte u tekućini koja jedva ključa u loncu 8 do 12 minuta ili dok ljuske ne poprime jarkocrvenu boju, a meso mekano kada ga probodete vilicom. Izvadite jastoga iz tekućine za kuhanje. Koristite kuhinjsku krpu da držite repove jastoga i uklonite i bacite ražnjiće.

4. U maloj posudi pomiješajte Paleo Aïoli, Dijon-Style senf i estragon. Poslužite uz jastoga i povrće.

FRITES OD DAGNJI SA ŠAFRANOM AÏOLI

OD POČETKA DO KRAJA: 1¼ SATA ČINI: 4 PORCIJE

OVO JE PALEO POGLED NA FRANCUSKI KLASIK OD DAGNJI KUHANIH NA PARI U BIJELOM VINU I ZAČINSKOM BILJU TE POSLUŽENIH S TANKIM I HRSKAVIM POMFRITOM OD BIJELOG KRUMPIRA. ODBACITE SVE DAGNJE KOJE SE NE ZATVORE PRIJE NEGO ŠTO SE SKUHAJU—I SVE DAGNJE KOJE SE NE OTVORE NAKON ŠTO SU SKUHANE.

PASTRNJAK FRITES
- 1½ funte pastrnjaka, oguljenog i narezanog na julienne od 3×¼ inča
- 3 žlice maslinovog ulja
- 2 češnja češnjaka, mljevena
- ¼ žličice crnog papra
- ⅛ žličice kajenskog papra

ŠAFRAN AÏOLI
- ⅓ šalice Paleo Aïoli (češnjak Mayo) (vidi recept)
- ⅛ žličice niti šafrana, nježno zdrobljene

DAGNJE
- 4 žlice maslinovog ulja
- ½ šalice sitno nasjeckane ljutike
- 6 češnja češnjaka, nasjeckanog
- ¼ žličice crnog papra
- 3 šalice suhog bijelog vina
- 3 velike grančice ravnog peršina
- 4 kilograma dagnji, očišćenih i bez brade*
- ¼ šalice nasjeckanog svježeg talijanskog peršina (plosnatog lista).
- 2 žlice nasjeckanog svježeg estragona (po želji)

1. Za pomfrit od pastrnjaka zagrijte pećnicu na 450°F. Namočite izrezani pastrnjak u dovoljno hladne vode da bude pokriven u hladnjaku na 30 minuta; ocijedite i osušite papirnatim ručnicima.

2. Veliki pleh obložite papirom za pečenje. Stavite pastrnjak u iznimno veliku zdjelu. U maloj posudi pomiješajte 3 žlice maslinovog ulja, 2 režnja mljevenog češnjaka, ¼ žličice crnog papra i kajenski papar; pokapajte preko pastrnjaka i pomiješajte. Posložite pastrnjak u ravnomjernom sloju na pripremljeni lim za pečenje. Pecite 30 do 35 minuta ili omekšajte i počnite da smeđe, povremeno miješajući.

3. Za aïoli, u maloj posudi pomiješajte Paleo Aïoli i šafran. Pokrijte i stavite u hladnjak do vremena za posluživanje.

4. U međuvremenu, u loncu od 6 do 8 litara ili u pećnici zagrijte 4 žlice maslinovog ulja na srednje jakoj vatri. Dodajte ljutiku, 6 češnjeva češnjaka i ¼ žličice crnog papra; kuhajte oko 2 minute ili dok ne omekša i ne uvene, često miješajući.

5. U lonac dodajte vino i grančice peršina; dovesti do vrenja. Dodajte dagnje, nekoliko puta promiješajte. Čvrsto poklopite i kuhajte na pari 3 do 5 minuta ili dok se školjke ne otvore, lagano miješajući dva puta. Sve dagnje koje se ne otvore bacite.

6. Velikom kuhačom za kuhanje premjestite dagnje u plitke posude za juhu. Izvadite i bacite grančice peršina iz tekućine za kuhanje; zalijte tekućinu za kuhanje preko dagnji. Pospite nasjeckanim peršinom i po želji

estragonom. Poslužite odmah uz pomfrit od pastrnjaka i aïoli od šafrana.

*Savjet: Dagnje skuhajte onog dana kada ste ih kupili. Ako koristite dagnje iz divljeg uzgoja, potopite ih u zdjelu hladne vode 20 minuta kako biste isprali pijesak i pijesak. (Ovo nije potrebno za dagnje uzgojene na farmama.) Čvrstom četkom oribajte dagnje jednu po jednu pod hladnom tekućom vodom. Dagnje bez brade oko 10 do 15 minuta prije kuhanja. Brada je mala nakupina vlakana koja izlaze iz ljuske. Da biste uklonili brade, uhvatite uzicu između palca i kažiprsta i povucite je prema zglobu. (Ova metoda neće ubiti dagnju.) Također možete koristiti kliješta ili pincetu za ribu. Pazite da je školjka svake dagnje dobro zatvorena. Ako su školjke otvorene, lagano ih lupnite o radnu površinu. Odbacite sve dagnje koje se ne zatvore u roku od nekoliko minuta. Odbacite sve dagnje s napuklim ili oštećenim školjkama.

PEČENE JAKOBOVE KAPICE S OKUSOM OD CIKLE

POČETAK DO KRAJA: 30 minuta čini: 4 porcije FOTOGRAFIJA

ZA LIJEPU ZLATNU KORICU, PROVJERITE JE LI POVRŠINA JAKOBOVIH KAPICA STVARNO SUHA—I JE LI TAVA LIJEPA I VRUĆA—PRIJE NEGO IH DODATE U TAVU. TAKOĐER, PUSTITE DA SE JAKOBOVE KAPICE PEKU 2 DO 3 MINUTE BEZ DA IH OMETATE, PAŽLJIVO PROVJERITE PRIJE OKRETANJA.

1 funta svježih ili smrznutih morskih kapica, osušenih papirnatim ručnicima

3 srednje crvene cikle oguljene i nasjeckane

½ jabuke Granny Smith, oguljene i nasjeckane

2 jalapeñosa, bez peteljki, sjemenki i mljevenih (vidi Savjet)

¼ šalice nasjeckanog svježeg cilantra

2 žlice sitno nasjeckanog crvenog luka

4 žlice maslinovog ulja

2 žlice svježeg soka od limete

bijeli papar

1. Jakobove kapice odmrznite ako su smrznute.

2. Za okus od cikle, u srednjoj zdjeli pomiješajte ciklu, jabuku, jalapeños, cilantro, luk, 2 žlice maslinovog ulja i sok od limete. Dobro promiješajte. Ostavite sa strane dok pripremate jakobove kapice.

3. Jakobove kapice isperite; osušite papirnatim ručnicima. U velikoj tavi zagrijte preostale 2 žlice maslinovog ulja na srednje jakoj vatri. Dodajte jakobove kapice; pirjajte 4 do 6 minuta ili dok izvana ne porumeni i postane jedva neproziran. Jakobove kapice lagano pospite bijelim paprom.

4. Za posluživanje ravnomjerno rasporedite okus od cikle na tanjure za posluživanje; vrh s jakobovim kapicama. Poslužite odmah.

JAKOBOVE KAPICE NA ŽARU SA SALSOM OD KRASTAVACA I KOPRA

PRIPREMA:35 minuta hlađenje: 1 do 24 sata roštilj: 9 minuta čini: 4 porcije

EVO SAVJETA ZA DOBIVANJE BESPRIJEKORNOG AVOKADA:KUPUJTE IH KAD SU JARKO ZELENE I TVRDE, A ZATIM IH NEKOLIKO DANA DOZRIJEVAJTE NA PULTU—SVE DOK LAGANO NE POPUSTE KAD IH LAGANO PRITISNETE PRSTIMA. KAD SU TVRDI I NEZRELI, NEĆE SE LOMITI U TRANSPORTU S TRŽIŠTA.

12 ili 16 svježih ili smrznutih morskih kapica (ukupno 1¼ do 1¾ funte)
¼ šalice maslinovog ulja
4 češnja češnjaka, nasjeckana
1 žličica svježe mljevenog crnog papra
2 srednje tikvice, izrezane i prepolovljene po dužini
½ srednjeg krastavca, prepolovljenog po dužini i tanko narezanog poprečno
1 srednji avokado, prepolovljen, očišćen od sjemenki, oguljen i nasjeckan
1 srednja rajčica, očišćena od sjemenki i nasjeckana
2 žličice narezane svježe metvice
1 žličica nasjeckanog svježeg kopra

1. Jakobove kapice odmrznite ako su smrznute. Jakobove kapice isperite hladnom vodom; osušite papirnatim ručnicima. U velikoj zdjeli pomiješajte 3 žlice ulja, češnjak i ¾ žličice papra. Dodajte jakobove kapice; lagano baciti na kaput. Pokrijte i ohladite najmanje 1 sat ili do 24 sata, lagano miješajući povremeno.

2. Polovice tikvica premažite preostalom 1 žlicom ulja; ravnomjerno pospite preostalom ¼ žličice papra.

3. Jakobove kapice ocijedite, bacivši marinadu. Provucite po dva ražnjića od 10 do 12 inča kroz svaku jakobovu kapicu, koristeći 3 ili 4 jakobove kapice za svaki par ražnjića i ostavljajući razmak od ½ inča između jakobovih kapica.* (Navlačenje jakobovih kapica na dva ražnjića pomaže im da budu stabilni prilikom pečenja i okretanja.)

4. Za roštilj na ugljen ili plin, stavite ćevape od jakobovih kapica i polovice tikvica na rešetku roštilja izravno na srednju vatru.** Pokrijte i pecite dok jakobove kapice ne postanu neprozirne, a tikvice tek mekane, okrećite ih na pola pečenja. Ostavite 6 do 8 minuta za jakobove kapice i 9 do 11 minuta za tikvice.

5. U međuvremenu, za salsu, u srednjoj zdjeli pomiješajte krastavac, avokado, rajčicu, metvicu i kopar. Lagano promiješajte da se sjedini. Na svaki od četiri tanjura za posluživanje stavite po 1 ćevap od jakobove kapice. Polovice tikvica dijagonalno prerezati poprečno na pola i dodati na tanjure s jakobovim kapicama. Žlicom ravnomjerno rasporedite smjesu krastavaca po jakobovim kapicama.

*Savjet: Ako koristite drvene ražnjiće, potopite ih u dovoljno vode da pokriju 30 minuta prije upotrebe.

**Pečenje: Pripremite prema uputama u 3. koraku. Stavite ćevape od jakobovih kapica i polovice tikvica na nezagrijanu rešetku tave za pečenje jela. Pecite 4 do 5 inča od topline dok jakobove kapice ne postanu neprozirne, a tikvice tek mekane, jednom ih okrenite na pola kuhanja. Ostavite 6 do 8 minuta za jakobove kapice i 10 do 12 minuta za tikvice.

PEČENE JAKOBOVE KAPICE S RAJČICOM, MASLINOVIM ULJEM I UMAKOM OD ZAČINSKOG BILJA

PRIPREMA: 20 minuta kuhanja: 4 minute čini: 4 porcije

UMAK JE GOTOVO KAO TOPLI VINAIGRETTE. MASLINOVO ULJE, NASJECKANA SVJEŽA RAJČICA, LIMUNOV SOK I ZAČINSKO BILJE POMIJEŠAJU SE I VRLO LAGANO ZAGRIJU – TEK TOLIKO DA SE OKUSI STOPE – A ZATIM SE POSLUŽUJU S PRŽENIM JAKOBOVIM KAPICAMA I HRSKAVOM SALATOM OD KLICA SUNCOKRETA.

JAKOBOVE KAPICE I UMAK

1 do 1½ funte velikih svježih ili smrznutih morskih kapica (oko 12)

2 velike roma rajčice, oguljene,* bez sjemenki i nasjeckane

½ šalice maslinovog ulja

2 žlice svježeg soka od limuna

2 žlice nasjeckanog svježeg bosiljka

1 do 2 žličice sitno nasjeckanog vlasca

1 žlica maslinovog ulja

SALATA

4 šalice suncokretovih klica

1 limun, izrezan na kriške

Ekstra djevičansko maslinovo ulje

1. Jakobove kapice odmrznite ako su smrznute. Isperite jakobove kapice; osušiti tapkanjem. Staviti na stranu.

2. Za umak, u malom loncu pomiješajte rajčice, ½ šalice maslinovog ulja, limunov sok, bosiljak i vlasac; Staviti na stranu.

3. U velikoj tavi zagrijte 1 žlicu maslinovog ulja na srednje jakoj vatri. Dodajte jakobove kapice; kuhajte 4 do 5 minuta ili dok ne porumene i postanu neprozirne, okrećući jednom na pola kuhanja.

4. Za salatu prokulice stavite u zdjelu za posluživanje. Iscijedite kriške limuna preko klica i pokapajte s malo maslinova ulja. Promiješajte da se sjedini.

5. Zagrijte umak na laganoj vatri dok se ne zagrije; nemojte kuhati. Za posluživanje, žlicom stavite malo umaka u sredinu tanjura; na vrh stavite 3 jakobove kapice. Poslužite uz salatu od klica.

*Savjet: kako biste lako ogulili rajčicu, stavite rajčicu u lonac s kipućom vodom na 30 sekundi do 1 minute ili dok se kožica ne počne cijepati. Izvadite rajčicu iz kipuće vode i odmah uronite u zdjelu s ledenom vodom kako biste zaustavili proces kuhanja. Kada je rajčica dovoljno hladna za rukovanje, skinite joj kožu.

CVJETAČA PEČENA NA KUMINU S KOMORAČEM I BISERNIM LUKOM

PRIPREMA: 15 minuta kuhanja: 25 minuta čini: 4 porcije FOTOGRAFIJA

IMA NEŠTO POSEBNO PRIMAMLJIVO O KOMBINACIJI PEČENE CVJETAČE I PREPEČENOG, ZEMLJANOG OKUSA KIMA. OVO JELO IMA DODATNI ELEMENT SLATKOĆE OD SUHIH RIBIZA. AKO ŽELITE, MOŽETE DODATI MALO TOPLINE S ¼ DO ½ ČAJNE ŽLIČICE MLJEVENE CRVENE PAPRIKE ZAJEDNO S KUMINOM I RIBIZLIMA U 2. KORAKU.

- 3 žlice nerafiniranog kokosovog ulja
- 1 srednja glavica cvjetače, izrezana na cvjetiće (4 do 5 šalica)
- 2 glavice komorača krupno nasjeckanog
- 1½ šalice smrznutog bisernog luka, odmrznutog i ocijeđenog
- ¼ šalice sušenog ribiza
- 2 žličice mljevenog kima
- Narezani svježi kopar (po želji)

1. U posebno velikoj tavi zagrijte kokosovo ulje na srednje jakoj vatri. Dodajte cvjetaču, komorač i biserni luk. Poklopite i kuhajte 15 minuta uz povremeno miješanje.

2. Smanjite vatru na srednje nisku. Dodajte ribizle i kumin u tavu; kuhajte, nepoklopljeno, oko 10 minuta ili dok cvjetača i komorač ne omekšaju i porumene. Po želji ukrasite koprom.

ZRNASTI UMAK OD RAJČICE I PATLIDŽANA SA ŠPAGETIMA

PRIPREMA: 30 minuta pečenja: 50 minuta hlađenja: 10 minuta kuhanja: 10 minuta čini: 4 porcije

OVAJ SOČAN PRILOG LAKO SE OKREĆE U GLAVNO JELO. DODAJTE OTPRILIKE 1 FUNTU KUHANE MLJEVENE GOVEDINE ILI BIZONA U SMJESU PATLIDŽANA I RAJČICE NAKON ŠTO STE JE LAGANO ZGNJEČILI GNJEČILICOM ZA KRUMPIR.

- 1 špageti od 2 do 2½ funte
- 2 žlice maslinovog ulja
- 1 šalica nasjeckanog, oguljenog patlidžana
- ¾ šalice nasjeckanog luka
- 1 mala crvena slatka paprika, nasjeckana (½ šalice)
- 4 češnja češnjaka, nasjeckana
- 4 srednje crvene zrele rajčice, po želji oguljene i grubo nasjeckane (oko 2 šalice)
- ½ šalice natrganog svježeg bosiljka

1. Zagrijte pećnicu na 375°F. Manju tepsiju obložite papirom za pečenje. Špagete prerežite poprečno na pola. Velikom žlicom ostružite sve sjemenke i žice. Stavite polovice tikvica, prerezanom stranom prema dolje, na pripremljeni lim za pečenje. Pecite nepokriveno 50 do 60 minuta ili dok tikva ne omekša. Ohladite na rešetki oko 10 minuta.

2. U međuvremenu, u velikoj tavi zagrijte maslinovo ulje na srednje jakoj vatri. Dodajte luk, patlidžan i papar; kuhajte 5 do 7 minuta ili dok povrće ne omekša, povremeno miješajući. Dodajte češnjak; kuhajte i miješajte još 30 sekundi. Dodajte rajčice; kuhajte 3 do 5 minuta ili dok rajčice ne omekšaju, povremeno miješajući. Gnječilicom za

krumpir lagano zgnječite smjesu. Umiješajte pola bosiljka. Poklopite i kuhajte 2 minute.

3. Koristite držač za lonac ili ručnik za držanje polovica tikvica. Vilicom ostružite pulpu tikve u zdjelu srednje veličine. Podijelite squash na četiri tanjura za posluživanje. Ravnomjerno prelijte umakom. Pospite preostalim bosiljkom.

PUNJENE PORTOBELLO GLJIVE

PRIPREMA:35 minuta pečenja: 20 minuta kuhanja: 7 minuta čini: 4 porcije

DA BISTE DOBILI NAJSVJEŽIJI PORTOBELLOS,POTRAŽITE GLJIVE KOJIMA SU STABLJIKE JOŠ NETAKNUTE. ŠKRGE BI TREBALE IZGLEDATI VLAŽNE, ALI NE MOKRE ILI CRNE I TREBALE BI BITI DOBRO RAZDVOJENE. ZA PRIPREMU BILO KOJE VRSTE GLJIVA ZA KUHANJE, OBRIŠITE IH LAGANO VLAŽNIM PAPIRNATIM RUČNIKOM. NIKADA NE STAVLJAJTE GLJIVE POD VODU ILI IH NAMAČITE U VODI - ONE SU JAKO UPIJAJUĆE I POSTAT ĆE KAŠASTE I NATOPLJENE VODOM.

- 4 velike portobello gljive (ukupno oko 1 funta)
- ¼ šalice maslinovog ulja
- 1 žlica začina Smoky (vidi recept)
- 2 žlice maslinovog ulja
- ½ šalice nasjeckane ljutike
- 1 žlica mljevenog češnjaka
- 1 funta blitve, očišćene i nasjeckane (oko 10 šalica)
- 2 žličice mediteranskog začina (vidi recept)
- ½ šalice nasjeckanih rotkvica

1. Zagrijte pećnicu na 400°F. Uklonite peteljke s gljiva i ostavite ih za korak 2. Vrhom žlice ostružite škrge s klobuka; odbaciti škrge. Stavite klobuke gljiva u pravokutnu posudu za pečenje od 3 litre; premažite obje strane gljiva s ¼ šalice maslinovog ulja. Okrenite klobuke gljiva tako da su strane s peteljkama prema gore; pospite začinima Smoky. Pokrijte posudu za pečenje folijom. Pecite, pokriveno, oko 20 minuta ili dok ne omekša.

2. U međuvremenu nasjeckajte stabljike gljiva koje ste sačuvali; Staviti na stranu. Za pripremu blitve uklonite

debela rebra s listova i bacite ih. Listove blitve krupno nasjeckajte.

3. U posebno velikoj tavi zagrijte 2 žlice maslinovog ulja na srednje jakoj vatri. Dodajte ljutiku i češnjak; kuhati i miješati 30 sekundi. Dodati nasjeckane peteljke šampinjona, nasjeckanu blitvu i mediteranski začin. Kuhajte bez poklopca 6 do 8 minuta ili dok blitva ne omekša, povremeno miješajući.

4. Smjesu od blitve rasporedite po klobucima gljiva. Preostalu tekućinu u posudi za pečenje prelijte preko punjenih gljiva. Na vrh stavite nasjeckane rotkvice.

www.ingramcontent.com/pod-product-compliance
Lightning Source LLC
Chambersburg PA
CBHW070506120526
44590CB00013B/761